D0810639

CAXTON
FRENCH
VOCABULARY

CAXTON EDITIONS

First published in Great Britain by
CAXTON EDITIONS
an imprint of
the Caxton Publishing Group Ltd
20 Bloomsbury Street
London WC1B 3QA

Prepared and designed
for Caxton Editions by
Superlaunch Limited
PO Box 207
Abingdon
Oxfordshire OX13 6TA

Consultant editor G Lawrence

ISBN 1 84067 073 8

A copy of the CIP data for this book is available from
the British Library upon request

Printed and bound in India

CONTENTS

amphibians	**les amphibies** *mpl*
amphibious adj	amphibie
bullfrog	la grenouille d'Amérique
frog	la grenouille
newt	le triton
(frog / toad) spawn	le frai
to spawn	frayer
tadpole	le têtard
toad	le crapaud
breed(s)	**la race (les races)**
alsatian	le berger allemand
to breed	élever
bulldog	le bouledogue
chihuahua	le chihuahua
greyhound	le lévrier
gun dog	le chien de chasse
hound	le chien courant
labrador	le labrador
longhair	à longs poils
mastiff	le mâtin
miniature	la miniature
mongrel	le métis
pedigree (dog)	(le chien) de bonne souche
Persian	le chat persan
poodle	le caniche
retriever	le chien d'arrêt
shorthair	à poil ras
Siamese	le chat siamois
spaniel	l'épagneul *m*

standard (size)	ordinaire, normal
terrier	le terrier
toy (of size)	miniature
domestic	**domestique**
aquarium	l'aquarium *m*
aquatic adj	aquatique
aviary	la volière
to bark	aboyer
bill, beak	le bec
bitch	la chienne
budgerigar, budgie	la perruche
cage	la cage
canary	le canari
canine	canin
carnivorous	carnivore
cat	le chat
claw (eg dog, cat)	la griffe
claw (eg lobster)	la pince
dog	le chien
feline adj	félin
female	la femelle
gerbil	la gerbille
goldfish	le poisson rouge
to growl	grogner
guard dog	le chien de garde
guardian	le (la) guardien(-ne)
guinea pig	le cobaye, le cochon d'Inde
hamster	le hamster
hutch	le clapier

kitten	le chaton
litter (babies)	la portée
litter (bedding)	la litière
male	le mâle
to mew	miauler
mouse	la souris
mouser	le souricier
mousetrap	la souricière
paw	la patte
pet	l'animal *m* familier, l'animal *m* de compagnie
puppy	le chiot
to purr	ronronner
rabbit	le lapin
rat	le rat
tail	la queue
tame	apprivoisé
terrapin	la tortue d'eau douce
tropical fish	le poisson exotique
vermin	les animaux *mpl* nuisibles
watchdog	le chien de garde
watchful	vigilant
to whimper	geindre
to whine	gémir
wing	l'aile *f*
evolution	**l'évolution** *f*
to adapt	adapter
adaptation	l'adaptation *f*
to adjust	ajuster

advantage	l'avantage *m*
behaviour	le comportement, la conduite
to benefit from	profiter de
biped	le bipède
disadvantageous	désavantageux(-euse)
to evolve	évoluer
habitat	l'habitat *m*
modification	la modification
natural selection	la sélection naturelle
quadruped	le quadrupède
survival of the fittest	la loi du plus fort
zoo	le jardin zoologique, le zoo
zoologist	le (la) zoologiste
zoology	la zoologie
extinct	**disparu**
archaeologist	l'archéologue *m* & *f*
dinosaur	le dinosaure
dodo	le dronte
fossil	le fossile
mammoth	le mammouth
palaeontologist	le (la) paléontologiste
palaeontology	la paléontologie
yeti	le yéti
marsupial(s)	**le marsupial (les marsupiaux)**
bush baby	le galago
kangaroo	le kangourou
koala bear	le koala
mythical	**mythique**
centaur	le centaure

chivalry	la chevalerie
dragon	le dragon
gryphon	le griffon
legend	la légende
Medusa	la Méduse
Minotaur	le Minotaure
myth	le mythe
Pegasus	le Pégase
Phoenix	le Phénix
Sphynx	le Sphinx
unicorn	la licorne
nocturnal animals	**les animaux nocturnes**
badger	le blaireau
bat	la chauve-souris
craft, cunning	la ruse
cunning adj	rusé
fox	le renard
hedgehog	le hérisson
parasite	**le parasite**
tapeworm	le ver solitaire
predators	**les prédateurs** *mpl*
big cats	les grands fauves *mpl*
cheetah	le guépard
cub	le petit (d'un animal)
jaguar	le jaguar
leopard	le léopard
lion	le lion
lion cub	le lionceau
lioness	la lionne

lynx	le lynx
mane	la crinière
mountain lion	le puma
panther	la panthère
predatory adj	rapace
to roar	rugir
savage adj	féroce
tiger	le tigre
tigress	la tigresse
prey	**la proie**
antelope	l'antilope *f*
eland	l'éland *m*
gazelle	la gazelle
stripe (of the zebra)	la rayure
zebra	le zèbre
primates	**les primates** *mpl*
baboon	le babouin
chimpanzee	le chimpanzé
gibbon	le gibbon
gorilla	le gorille
monkey	le singe
orang-utan	l'orang-outan *m*
reptiles	**les reptiles** *mpl*
adder (viper)	la vipère
alligator	l'alligator *m*
anaconda	l'anaconda *m*
antidote	l'antidote *m*
cayman	le caïman
chameleon	le caméléon

cobra	le cobra
cold-blooded	à sang froid
constrictor	le boa constricteur
crocodile	le crocodile
fang	le crochet
gecko	le gecko
grass snake	la couleuvre
harmless adj	inoffensif(-ive)
lizard	le lézard
poison	le venin
poisonous adj	venimeux(-euse)
python	le python
rattlesnake	le serpent à sonnette
serpent, snake	le serpent
to slither	se couler
slow-worm	l'orvet *m*
tortoise	la tortue
turtle	la tortue marine
to wriggle	se tortiller
scavengers	**les charognards** *mpl*
carrion	la charogne
hyena	la hyène
jackal	le chacal
to scavenge	dépecer une charogne
wolverine	le glouton
wild animals	**les bêtes** *fpl* **sauvages**
beaver	le castor
dormouse	le loir
hare	le lièvre

mink	le vison
mole	la taupe
molehill	la taupinière
otter	la loutre
shrew	la musaraigne
weasel	la belette
wildlife,	les animaux sauvages,
fauna (and flora)	la faune (et la flore)
wolf	le loup
zoo animals	**les animaux** *mpl* **de zoo**
ant-bear (aardvark)	le tamanoir
anteater	le fourmilier
armadillo	le tatou
bear	l'ours *m*
bison	le bison
buffalo	le buffle
camel	le chameau
dromedary	le dromadaire
echidna	l'échidné *m*
elephant	l'éléphant *m*
elk	l'élan *m*
giant panda	le panda géant
to hibernate	hiberner
hippopotamus	l'hippopotame *m*
hump	la bosse
kiwi	le kiwi
llama	le lama
mongoose	la mangouste
moose	l'orignal *m*

pack	la meute
porcupine	le porc-épic
rhinoceros	le rhinocéros
skunk	la mouffette
sloth	le paresseux
tapir	le tapir
trunk	la trompe
wolf	le loup
FARM ANIMALS	LES ANIMAUX *mpl* DE LA FERME
herbivorous	herbivore
mammal	le mammifère
omnivorous	omnivore
warm-blooded	à sang chaud
cattle / livestock	**le bétail**
barn	la grange
beef cattle	les bœufs *mpl* de boucherie
beef (meat)	le bœuf, le rosbif
BSE	la ESB
bull	le taureau
bullock	le bœuf
(young) bullock	le bouvillon
calf	le veau
to calve	vêler
CJD	la MCJ
cow	la vache
dairy adj	laitier(-ière)
to graze	brouter
heifer	la génisse

herd	le troupeau
to herd	surveiller, soigner
herdsman	le gardien de bêtes
hoof	le sabot
horn	la corne
livestock pl	les bestiaux *mpl*
to low	mugir
to milk	traire
milking parlour	la salle de traite
ox	le bœuf
pasture	le pâturage
veal (meat)	le veau
deer	**les cervidés** *mpl*
antlers	les bois *mpl*
doe, hind	la biche
fallow deer (buck)	le daim
fawn	le faon
red deer (stag)	le cerf
roe deer (buck)	le chevreuil mâle
venison	la venaison
fowl / poultry	**la volaille**
addled	pourri
bantam	le coq Bantam, la poule Bantam
to brood	couver
broody	couveuse
chick	le poussin
chicken	le poulet
cock-a-doodle-do	cocorico

cockcrow	le premier chant du coq
cockerel	le coquelet
to crow	chanter
dove	la colombe
to dress (gut)	vider
duck	le canard
duckling	le caneton
egg	l'œuf *m*
feather	la plume
goose	l'oie *f*
gosling	l'oison *m*
hen	la poule
to lay (eggs)	pondre (des œufs)
to pluck	plumer
rooster	le coq
squab (young pigeon)	le pigeonneau
turkey	le dindon, la dinde
goat(s)	**la chèvre (les chèvres)**
billy	le bouc
homogenous (milk)	(le lait) homogénéisé
kid	le chevreau (*m*), la chevrette (*f*)
to kid	mettre bas (un chevreau)
nanny	la chèvre
horse(s)	**le cheval (les chevaux)**
blacksmith	le forgeron
to bray	braire
bridle	la bride
colt	le poulain

donkey	l'âne *m*
filly	la pouliche
foal	le poulain
to foal	mettre bas (un poulain)
halter	le licou
horseshoe	le fer à cheval
hybrid	l'hybride *m*
to jump	sauter
mare	la jument
mule	le mulet
to neigh	hennir
to ride	monter (un cheval)
saddle	la selle
to shoe (horses)	ferrer
stable	l'écurie *f*
stall	la stalle
stallion	l'étalon *m*
sterile	stérile

see also **SPORT**, *horseriding p205* and **WORK**,
AGRICULTURE, *stockbreeding p214*

pig	**le cochon**
boar	le verrat
bristle	la soie
to farrow	mettre bas
to fatten	engraisser
ferocious	féroce
to grunt	grogner
piglet	le petit cochon, le porcelet
sow	la truie

sty	la porcherie
tusk	la défense
wild boar	le sanglier
sheep	**le mouton**
ewe	la brebis
flock	le troupeau de moutons
hoggett	l'agneau *m* antenais
lamb	l'agneau *m*
to lamb	mettre bas, agneler
mutton	le mouton
ram	le bélier
sheepdog	le chien de berger
INVERTEBRATE(S)	L'(LES) INVERTÉBRÉ(S) *m*
antenna	l'antenne *f*
beetle	le scarabée
bug	la punaise
cricket	le grillon
earwig	le perce-oreille
exoskeleton	l'exosquelette *m*
glow-worm	le ver luisant
grasshopper	la sauterelle
insect	l'insecte *m*
leaf insect	la phyllie
praying mantis	la mante religieuse
stag beetle	le lucane
stick insect	le phasme
butterfly	**le papillon**
caterpillar	la chenille

chrysalis	la chrysalide
to flutter (the wings)	trémousser (des ailes)
imago (adult)	l'imago *m* & *f*
iridescent	chatoyant
to metamorphose	se métamorphoser
metamorphosis	la métamorphose
moth	la mite
proboscis	la trompe
silkworm	le ver à soie
phobia	**la phobie**
centipede	le centipède
to crawl, to creep, to worm	ramper
creepy-crawly	la bestiole
earthworm	le ver de terre
millipede	le mille-pattes
scorpion	le scorpion
slimy	visqueux(-euse)
slug	la limace
snail	l'escargot *m*
worm	le ver
social insects	**les insectes *mpl* sociaux**
ant	la fourmi
anthill	la fourmilière
apiarist	l'apiculteur *m*
apiary	le rucher
bee	l'abeille *f*
beehive	la ruche
bumblebee	le bourdon

colony	la colonie
drone	le faux-bourdon
honey	le miel
honeycomb	le rayon de miel
hornet	le frelon
to hum	bourdonner
humming	le bourdonnement
queen ant	la reine des fourmis
queen bee	l'abeille mère *f*
sting	la piqûre
to sting	piquer
termite	le termite
wasp	la guêpe
worker (bee, ant)	l'ouvrière *f*
troublesome	**gênant**
bluebottle	la mouche à viande
flea	la puce
fly	la mouche
to infest	infester
to irritate	irriter
itch	la démangeaison
to itch	démanger
locust	la locuste
louse	le pou
lousy	pouilleux(-euse)
malaria	le paludisme, la malaria
to molest	importuner
mosquito	le moustique
mosquito net	la moustiquaire

pest	l'insecte nuisible *m*
plague	la peste
spider	l'araignée *f*
to spin (its web)	tisser (sa toile)
to swat	écraser
(spider) web	la toile (d'araignée)

air force	**l'armée *f* de l'air**
aerodrome	l'aérodrome *m*
air raid	l'attaque *f* aérienne
air-sea rescue unit	le service de sauvetage en mer
anti-aircraft defence	la défense contre avions (DCA)
anti-aircraft gun	le canon anti-aérien
bomb	la bombe
to bomb	bombarder
bomber (plane)	le bombardier
to bring down	abattre
cockpit	le poste de pilotage
crew	l'équipage *m*
delta-wing adj	à ailes (en) delta
ejector seat	le siège éjectable
fighter plane	l'avion *m* de combat polyvalent
fixed-wing adj	à voilure fixe
fly-by-wire	informatisé
fuselage	le fuselage
head-up display	le collimateur de pilotage

helicopter	l'hélicoptère *m*
navigator	le navigateur
ordnance	l'artillerie *f*
parachute	le parachute
parachutist	le parachutiste
pilot	le pilote
reconnaissance	la reconnaissance
rotor	le rotor
rotary-wing adj	à ailes rotatives
(air-raid) shelter	l'abri *m* (anti-aérien)
spotter plane	l'avion *m* de reconnaissance
squadron	l'escadron *m*
surface-to-air-missile	le missile sol-air
winchman	le treuilliste
wing	l'aile *f*
army	**l'armée** *f*
armoured car	le véhicule blindé,
	la voiture blindée
artillery	l'artillerie *f*
barracks	la caserne
battalion	le bataillon
bayonet	la baïonette
bombardment	le bombardement
bomb disposal	le désamorçage
cannon	le canon
captain	le capitaine
cavalry	la cavalerie
colonel	le colonel
corporal	le caporal

detachment	le détachement
to drill	faire l'exercice
firearm	l'arme *f* à feu
flak jacket	le gilet pare-balles
flank	le flanc
garrison	la garnison
general	le général
grenade	la grenade
guard, watch	la garde
to guard, watch	garder
infantry	l'infanterie *f*
land mine	la mine terrestre
to load	charger
military	militaire
military police	la police militaire
patrol	la patrouille
to patrol	patrouiller
personnel	le personnel
quartermaster	l'intendant *m* militaire de troisième classe
regiment	le régiment
reinforcements	les renforts *mpl*
rocket	la fusée
sentry	la sentinelle, le factionnaire
sergeant	le sergent
revolver	le revolver
shell	l'obus *m*
to shell	bombarder (d'obus)
shot	le coup (de feu)

to shoot	tirer
soldier	le soldat
tank	le char d'assaut
trench	la tranchée
troops	les troupes *fpl*
to unload	décharger
vanguard	l'avant-garde *m*
attack	**l'offensive** *f*
ambush	l'embuscade *f*
assault	l'assaut *m*
to attack	attaquer
battlefield	le champ de bataille
campaign	la campagne
captive	captif(ive)
captivity	la captivité
combatant	le combattant
coup	le coup d'état
defeat	la défaite
to defeat	vaincre
to encamp	camper
encampment	le campement
encounter	l'engagement *m*, la rencontre
to escape	s'échapper à
exploit	le haut fait
fight	le combat
to fight	combattre
to flee	s'enfuir
flight	la fuite

front	le front
guerrilla	le guérillero
guerrilla campaign /	la campagne de guérilla,
warfare	la guérilla
insurrection	l'insurrection *f*
manoeuvre	la manoeuvre
to manoeuvre	manoeuvrer
to meet	(se) rencontrer
to pursue	poursuivre
pursuit	la poursuite
to repel	repousser
retreat	la retraite
strategy	la stratégie
surrender	la reddition
to surrender	se rendre
tactics	la tactique
wounded (person)	le blessé
navy	**la marine**
admiral	l'amiral *m*
aircraft carrier	le porte-avions
battleship	le cuirassé
corvette	la corvette
deck	le pont
to decommission	retirer de la circulation
destroyer	le contre-torpilleur
fleet	la flotte
to float	flotter
hulk	le vaisseau retiré / déclassé
(decommissioned)	

hull	la coque
lieutenant	le lieutenant
marine adj	marin
marine (person)	le fusilier marin, le marine
minesweeper	le dragueur de mines
radar	le radar
rudder	le gouvernail
to sail	naviguer
sailor	le matelot
sonar	le sonar
submarine	le sous-marin
warship	le navire de guerre
peace	**la paix**
armistice	l'armistice *m*
to besiege	assiéger
blockade	le blocus
ceasefire	le cessez-le-feu
Cold War	la guerre froide
to conquer	conquérir
deterrent	la force de dissuasion
to disarm	désarmer
disarmament	le désarmement
exercise	l'exercice *m*, la manœuvre
hero	le héros
heroine	l'héroïne *f*
medal	la médaille
nuclear warhead	l'ogive *f* nucléaire
occupied territory	le territoire occupé
pacifism	le pacifisme

pacifist	le (la) pacifiste
peacekeeping force	les forces *fpl* de maintien de la paix
pension	la pension
sanctions	les sanctions *fpl*
spy	l'espion, l'espionne
superpower	la superpuissance
treaty	le traité
vanquished	le vaincu
victor	le vainqueur
war memorial	le monument aux morts
war	**la guerre**
ammunition	les munitions *fpl*
ammunition dump	le dépôt de munitions
to arm	armer
arsenal	l'arsenal *m*
badge	l'insigne *m*
barbed wire	le fil de fer barbelé
billet	le cantonnement
bullet	la balle
bulletproof (garment)	pare-balles
bulletproof (glass)	à l'épreuve des balles
bulletproof (vehicle)	blindé
cartridge	la cartouche
commission (person)	nommer à un commandement
commission (ship)	mettre en service
commissioned officer	l'officier *m*

conscientious objector	l'objecteur de conscience m
conscript	le conscrit, l'appelé m
conscription	la conscription
dagger	le poignard
discipline	la discipline
disorder	le désordre
to equip	équiper
equipment	l'équipement m, le matériel
to explode	exploser, éclater
explosion	l'explosion f
flag	le drapeau
fort	le fort
friendly fire	le tir de leur propre camp
gunpowder	la poudre à canon
holocaust	l'holocauste m
insignia	les insignes mpl
insubordinate	insubordonné, indiscipliné
non-commissioned officer	le sous-officier
officer	l'officier m
order	l'ordre m
rank	le grade
recruit	la recrue
siege	le siège
to (lay) seige (to)	assiéger
training	la formation, l'instruction f
uniform	l'uniforme m
warlike	guerrier(-ière)
warrior	le (la) guerrier(-ière)

bird of paradise	l'oiseau *m* de paradis
bird spotter	l'ornithologue *m & f* amateur
egret	l'aigrette *f*
flamingo	le flamant
flight	le vol
flightless	coureur
hummingbird	le colibri
ibis	l'ibis *m*
migrant	le migrateur, la migratrice
native	l'indigène *m & f*
osprey	le balbuzard (pêcheur)
ostrich	l'autruche *f*
parrot	le perroquet
peacock	le paon
pelican	le pélican
penguin	le pingouin
plover	le pluvier
plumage	le plumage
stork	la cigogne
toucan	le toucan
game birds	**le gibier à plume**
grouse	le coq de bruyère
guineafowl	la pintade
partridge	la perdrix
pheasant	le faisan
quail	la caille
woodpigeon	le ramier
garden birds	**les oiseaux *mpl* de jardin**
blackbird	le merle

bluetit	la mésange bleue
to caw	croasser
chaffinch	le pinson
crow	le corbeau, la corneille
cuckoo	le coucou
finch	le fringillidé
to fly	voler
heron	l'héron *m*
jackdaw	le choucas
jay	le geai
kingfisher	le martin-pêcheur
lark	l'alouette *f*
magpie	la pie
nest	le nid
to nest	nicher
nightingale	le rossignol
pigeon	le pigeon
robin	le rouge-gorge
rook	le freux
sparrow	le moineau
swallow	l'hirondelle *f*
swan	le cygne
thrush	le grive
wagtail	la lavandière
warbler	la fauvette, le pouillot
wren	le roitelet
raptors	**les rapaces** *mpl*
bird of prey	l'oiseau *m* rapace (de proie)
buzzard	la buse

claw	la serre, la griffe
condor	le condor
eagle	l'aigle *m*
eagle owl	le grand-duc
falcon	le faucon
falconer	le fauconnier
falconry	la fauconnerie
fish hawk	l'orfraie *f*
fish owl	le hibou pêcheur
gauntlet	le gant à crispin
gerfalcon	le gerfaut
hawk	le faucon
hood	le chaperon
to hover (hawk)	planer
jesses	les créances *fpl*
kestrel	la crécerelle
kite	le milan
lure	le leurre
owl	le hibou
peregrine falcon	le faucon pèlerin
rapacious adj	rapace
to stoop (dive on prey)	plonger
to swoop	s'abattre sur, fondre sur
vulture	le vautour
sea birds	**les oiseaux** *mpl* **marins**
albatross	l'albatros *m*
cormorant	le cormoran
seagull	la mouette

accessories	les accessoires *mpl*
bag	le sac
belt	la ceinture
beret	le béret
bow-tie	le noeud papillon
bracelet	le bracelet
braces	les bretelles *fpl*
brim	le bord
cap	la casquette
cufflinks	les boutons *mpl* de manchette
diamond	le diamant
earmuffs	le protège-oreilles
fan	l'éventail *m*
glasses	les lunettes *fpl*
gloves	les gants *mpl*
handkerchief	le mouchoir
hat	le chapeau
mittens	les moufles *fpl*,
	les mitaines *fpl*
necklace	le collier, le sautoir
ring	la bague
sash	la ceinture à noeud
scarf (square)	l'écharpe *f* (le foulard)
shawl	le châle
studs	les boutons *mpl* de col
tie	la cravate
tiepin	l'épingle *f* de cravate
umbrella	le parapluie
veil	le voile

walking stick	la canne
(wrist)watch	la montre(-bracelet)
footwear	**les chaussures** *fpl*
barefoot	nu-pieds
boot	la botte
buckle	la boucle
heel	le talon
leather	le cuir
pair	la paire
to polish	cirer
to put on one's shoes	se chausser
to remove one's shoes	se déchausser
rubber	le caoutchouc
sandal	la sandale
slipper	la pantoufle
shoe	le soulier
shoehorn	le chausse-pied
shoelace	le lacet
shoemaker	le chausseur
shoe polish	le cirage
sock	la chaussette
sole	la semelle
suède	le daim
to tie (lace shoes)	lacer
to untie	délacer
make & mend	**le raccommodage**
bodice	le corsage
button	le bouton
cloth	la toile

coarse	gros(-se), grossier(-ière)
collar	le col
cotton	le coton
crochet	le travail au crochet
cuff	le poignet
to darn	repriser
dressmaker,	la couturière
seamstress	
dry-clean	nettoyer à sec
embroidery	la broderie
fabric	le tissu
fine	fin
fly (of trousers)	la braguette
to have (get) *made*	faire faire
hem	l'ourlet *m*
hole	le trou
hooks and eyes	les agrafes *fpl* et portes *fpl*
interlining	la doublure intermédiaire
to iron	repasser
to knit	tricoter
knitted	en tricot
knitting	le tricotage
knitting needles	les aiguilles *fpl* à tricoter
lapel	le revers
to let out (enlarge)	élargir
linen	le lin
lining	la doublure
to make	faire
man-made fibre	la fibre synthétique

to mend, to repair	réparer
needle	l'aiguille *f*
new	nouveau, nouvelle
pin(s)	l'épingle *f* (les épingles)
pocket	la poche
practical	pratique
to press	donner un coup de fer à
press stud	le bouton-pression
scissors	les ciseaux *mpl*
seam	la couture
second-hand	d'occasion
to sew	coudre
shoulder pad	l'épaulette *f*
silk	la soie
sleeve	la manche
to take in	rentrer
thick	épais(-se)
thread	le fil
to turn up (a hem)	relever
useless	inutile
velcro	le velcro
velvet	le velours
waistband	la ceinture (de jupe)
to wash	laver
to wear out	user ses vêtements
wool	la laine
worn out	usé
wristband	le poignet
zip	la fermeture éclair / à curseur

protective	**de protection**
apron	le tablier
dungarees	la salopette
overall (children's)	la blouse
to protect	protéger
ready-made	**prêt à porter, de confection**
blouse	le chemisier
to button	boutonner
comfortable	confortable
cool	léger(ère)
couture	de la maison de couture
designer	le grand couturier
dress	la robe
to dress (oneself)	s'habiller
elegant	élégant
fashionable	à la mode
fits (well)	aller à (bien)
fur	la fourrure
furry	en peluche
jacket	la veste
jeans	le jean, le blue-jean
long	long(-ue)
loose	flottant
to loosen	relâcher
miniskirt	la mini-jupe
out of fashion	démodé
overcoat	le pardessus, le manteau
pullover	le chandail
to put on	mettre

raincoat	l'imperméable *m*
to remove	enlever
shirt	la chemise
short	court
skirt	la jupe
style	le style
stylish	chic, élégant
suit (for men)	le complet, le costume
suit (for women)	le tailleur, l'ensemble *m*
sweatshirt	le sweat-shirt
swimsuit, trunks	le maillot, le slip
T-shirt	le T-shirt, le tee-shirt
to take off	ôter
tight	étroit, très juste
tracksuit	le survêtement
trousers	le pantalon
to unbutton	déboutonner
to undress	se déshabiller
to use	employer
useful	utile
waistcoat	le gilet
warm	chaud
to wear	porter
underwear	**les sous-vêtements** *mpl*
(women's only)	(**les dessous** *mpl*, **la lingerie**)
bra	le soutien-gorge
dressing gown	la robe de chambre
fine	fin
housecoat	le peignoir

knickers	le slip, la culotte
lace	la dentelle
leotard	le collant
naked	nu
narrow	étroit
nightdress	la chemise de nuit
nylon	le nylon
petticoat	le jupon
pyjamas	le pyjama
ribbon	le ruban
robe	la robe
shorts	le short
silky	soyeux(-euse)
slip	la combinaison
sock(s)	la (les) chaussette(s)
stockings	les bas *mpl*
tights	le collant (les collants)
underpants	le caleçon
vest	le tricot, le maillot de corps
(womens' only)	(la chemise)

see also **HOME**, *toiletries*, *p104*

CULTURE   LA CULTURE

AMUSEMENTS	LES AMUSEMENTS *mpl*,
	LES DIVERTISSEMENTS *mpl*
amusement arcade	la galerie de jeux,
	la galerie d'attractions

amusing, funny	amusant
battle game	le jeu de stratégie militaire
to be bored	s'ennuyer
boring	ennuyeux(-euse)
computer game	le jeu vidéo, le jeu électronique
to enjoy oneself	s'amuser
entertaining	divertissant
entertainment	le divertissement, la distraction
flight simulator	le simulateur de vol
pastime	le passe-temps
rest	le repos
to rest	se reposer
simulation (game)	la simulation
toy	le jouet
billiards	**le billard**
cannon	le carambolage
cue	la queue de billard
pool	le billard américain
snooker	le snooker
spin	l'effet *m*
triangle	le triangle
circus	**le cirque**
acrobat, tumbler	l'acrobate *m & f*
acrobatic	acrobatique
acrobatics	les acrobaties *fpl*
audacious	impudent
breathtaking	stupéfiant
clown	le clown

daring	hardi
hilarious	désopilant
joke	la farce
safety net	le filet de sécurité
slapstick	la grosse farce
tightrope	la corde raide
tightrope walker	le (la) funambule
trapeze	le trapèze
trapeze artist	le (la) trapéziste
to tumble	faire des culbutes, des cabrioles
funfair	**la fête foraine**
to assemble	se rassembler
candyfloss	la barbe à papa
carousel	le manège
coconut shy	le jeu de massacre
crowd	la foule
festival	le festival
fun	l'amusement *m*
to have fun	s'amuser
popcorn	le pop-corn
toffee apple	la pomme d'amour
games	**les jeux** *mpl*
ace	l'as *m*
baccarat	le baccara
bagatelle	une sorte de flipper
bishop	le fou
board	le tableau
(pack of) cards	les cartes *fpl* (le jeu de cartes)

casino	le casino
to castle	roquer
checkmate	l'échec et mat
chemin-de-fer	le chemin-de-fer
chequerboard	le damier
chess	les échecs *mpl*
chessboard	l'échiquier *m*
clubs (cards suit)	le trèfle
counter	le jeton
to cut (cards)	couper
to deal	donner, distribuer (les cartes)
diamonds (cards)	le carreau
dice pl	les dés *mpl*
die sing	le dé *m*
draughts	le jeu *m* de dames
dummy	le mort
hearts (cards)	le coeur
jack	le valet
jigsaw	le puzzle
king	le roi
knight	le cavalier
pair	la paire
partner	le (la) partenaire
pawn	le pion
piece	la pièce
poker	le poker
queen	la dame
rook (castle)	la tour
to shuffle	battre les cartes

solitaire	le solitaire
spades (cards)	le pique
stalemate	le pat
suit	la couleur
tiddlywinks	le jeu de puce
to trump	couper, prendre avec l'atout
whist	le whist
to play	**jouer**
brinkmanship	la stratégie de la corde raide
cardsharp	le tricheur, la tricheuse
to cheat	tricher
deceit	la supercherie
deceitful	trompeur, trompeuse
to draw	faire match nul
fair (equitable)	équitable
game(s)	le jeu (les jeux)
heads (of coin)	le côté face
to join	rejoindre
to lose	perdre
loser	le perdant, la perdante
lottery	la loterie
luck	la chance
to be lucky	avoir de la chance
match	la partie, le match
to meet	se rencontre
meeting	la rencontre, le meeting
party	le groupe
player	le joueur, la joueuse
sportsmanship	la sportivité, l'esprit sportif *m*

tails (of coin)	le côté pile
to toss a coin	jouer à pile ou face
trick	la levée
visit	la visite
to visit (a place)	aller à
to win	gagner
winner	le gagnant, la gagnante
playground	**la cour de récréation**
bouncy castle	le château gonflable
climbing frame	la cage à poules
roundabout	le manège
seesaw	la bascule
slide	le toboggan
to slide	glisser
swing	la balançoire
to swing (oneself)	se balancer
tired	fatigué
to get tired	se fatiguer
weariness	la lassitude

ARTS	LES ARTS *mpl*
antique	**l'antiquité** *f*
antique dealer	l'antiquaire *m & f*
art dealer	le marchand de tableaux
collectable	une pièce de collection
collection	la collection
forger	le faussaire
forgery	le faux
junk	la brocante

private	privé
provenance	la provenance
restoration	la restauration
to restore	restaurer
varnish	le vernis
see also **MONEY**, *auction p149*	
architecture	**l'architecture** *f*
aisle	la nef latérale
amphitheatre	l'amphithéâtre *m*
apse	l'abside *f*
aqueduct	l'aqueduc *m*
arch (of bridge)	l'arc *m*, l'arche *f*
architect	l'architecte *m*
baroque	le baroque
barrel vault	la voûte en berceau
basilica	la basilique
Byzantine	Byzantin
cathedral	la cathédrale
cathedral city	la ville épiscopale
central aisle	l'allée *f* centrale
choir (part of church)	le chœur
column	la colonne
Corinthian	corinthien(-ienne)
crossing (part of church)	la croisée du transept
crypt	la crypte
dolmen	le dolmen
dome	le dôme

Doric	dorique
fan vault	la voûte en éventail
Flamboyant	Flamboyant, de style flamboyant
flying buttress	l'arc-boutant *m*
font	les fonts baptismaux *mpl*
forum	le forum
Gothic	gothique
Ionic	ionien(-ienne)
mausoleum	le mausolée
menhir	le menhir
minaret	le minaret
mosque	la mosquée
nave	la nef
pagoda	la pagode
pillar	le pilier
plinth	le socle
pyramid	la pyramide
rake (angle of floor)	la pente
relic	la relique
reliquary	le reliquaire
romanesque	roman
rose window	la rosace
scaffolding	l'échafaudage *m*
sepulchre	le sépulchre
Sphinx	le Sphinx
spire	la flèche
stained glass	le vitrail (les vitraux)
synagogue	la synagogue

temple	le temple
tomb	le tombeau
tower	la tour
transept	le transept
vault	la voûte
west front	la façade ouest
cinema	**le cinéma**
to censor	censurer
censorship	la censure
director	le réalisateur, la réalisatrice
to dub	doubler
producer	le directeur de productions
screen	l'écran *m*
sequel	la suite
subtitle	le sous-titre
to subtitle	sous-titrer
dance / dancing	**la danse**
ball, dance	le bal
ballet	le ballet
ballet dancer	la danseuse / le danseur de ballet
ballroom dance	la danse de salon
choreographer	le (la) chorégraphe
chorus	le chœur, la troupe
classical	classique
to dance	danser
dancer	le danseur, la danseuse
disco	la discothèque
fado (Portuguese)	le fado
flamenco	le flamenco

folk dance	la danse folklorique
Latin-American	latino-américain
nightclub	la boîte de nuite, le nightclub
prima ballerina	la danseuse étoile
(dance) *routine*	le numéro
soloist	le (la) soliste
traditional	traditionnel(-le)
music	**la musique**
accompaniment	l'accompagnement *m*
to accompany	accompagner
accordion	l'accordéon *m*
aria	l'aria *f*
auditorium	la salle
bagpipes	la cornemuse
banjo	le banjo
baritone	le baryton
bass	la basse
bassoon	le basson
beat	le rythme, la mesure
to blow	souffler
bow	l'archet *m*
brass instrument	les cuivres *mpl*
cello	le violoncelle
choir (singers)	le choeur
clarinet	la clarinette
composer	le compositeur
concert	le concert
concertina	l'accordéon hexagonal *m*
conductor	le chef d'orchestre

cornet	le cornet
drum	le tambour
drums	la batterie
to enchant	enchanter
flute	la flûte
folk music	le folk (la chanson folklorique)
(traditional)	
French horn	le cor d'harmonie
guitar	la guitare
harmony	l'harmonie *f*
harp	la harpe
harpsicord	le clavecin
instrumentalist	l'instrumentaliste *m & f*
jazz	le jazz
mandolin	la mandoline
march	la marche
masterpiece	le chef d'oeuvre
musician	le musicien, la musicienne
oboe	le hautbois
ocarina	l'ocarina *m*
opera	l'opéra *m*
orchestra	l'orchestre *m*
organ	l'orgue *m*, les orgues *fpl*
organist	l'organiste *m & f*
overture	l'ouverture *f*
pianist	le (la) pianiste
piano	le piano
to play	jouer
(an instrument)	(d'un instrument)

refrain	le refrain
rehearsal	la répétition
rock music	le rock
rock star	la rock star
saxophone	le saxophone
score	la partition
to sing	chanter
singer (operatic)	le chanteur, la chanteuse (la cantatrice)
singing	le chant
soft	doux (douce)
song	la chanson
songbook	le recueil de chansons
soprano (voice)	la soprano (le soprano)
stringed instrument	l'instrument m à cordes
to strum	gratter de
symphony	la symphonie
to syncopate	syncoper
synthesiser	le synthétiseur
tambourine	le tambourin
tenor	le ténor
trombone	le trombone
trumpet	la trompette
tuba	le tuba
viola	l'alto m
violin	le violon
violinist	le (la) violoniste
wind instrument	l'instrument m à vent

xylophone	le xylophone
zither	la cithare
theatre	**le théâtre**
act	l'acte *m*
actor	l'acteur *m*
actress	l'actrice *f*
applause	les applaudissements *mpl*
apron stage	l'avant-scène *f*
audience	le public, les spectateurs *mpl*
box (in theatre)	la loge
box office	le guichet
character	le personnage
comedy	la comédie
costume	le costume
curtain	le rideau
début	le début
dénouement	le dénouement
flop	le fiasco
to flop	faire un four
interval	l'entracte *m*
in the round	en rond
lighting	l'éclairage *m*
mask	le masque
performance	la représentation
pit	l'orchestre *m*
play	la pièce
to play a role	jouer un rôle
playwright	le dramaturge
proscenium arch	le manteau d'Arlequin

scene	la scène
scenery	le décor
seat, place	la place
spectator	le spectateur, la spectatrice
stage	la scène, les planches *fpl*
to stage	mettre en scène
represent	représenter
stalls	les fauteuils *mpl* d'orchestre
(to be) a success	(avoir du) succès *m*
theatrical	théâtral
tragedy	la tragédie
trapdoor	la trappe
to whistle, hiss	siffler
whistling, hissing	les sifflets *mpl*
(to become) word-perfect	maîtriser parfaitement son rôle

FINE ARTS	LES BEAUX-ARTS *mpl*
art history	**l'histoire *f* de l'art**
abstract expressionism	l'expressionnisme *m* abstrait
action painting	le tachisme
altarpiece	le retable
Barbizon school	l'école *f* de Barbizon
cartoon (preliminary sketch)	le carton
cave painting	la peinture rupestre
chiaroscuro	le clair-obscur
collage	le collage

colourist	le (la) chromiste
constructivist adj	constructiviste
Cubism	le cubisme
Cubist (painter)	le (la) cubiste
Dadaism	le dadaïsme
der Blaue Reiter	(le cercle du) Blaue Reiter, le Cavalier bleu
die Brücke	la Brücke
Expressionism	l'expressionnisme *m*
Expressionist (painter)	l'expressionniste *m* & *f*
expressionist adj	expressionniste
figurative	figuré, métaphorique
fresco	la fresque
gesso	l'enduit *m* au plâtre
icon	l'icône *f*
Impressionism	l'impressionnisme *m*
Impressionist	l'impressionniste *m* & *f*
kinetic	cinétique
Les Fauves	les Fauves *mpl*
Les Nabis	les Nabis *mpl*
mannerist adj	maniériste
miniature	la miniature
miniaturist	le (la) miniaturiste
museum	le musée
naïve	naïf (naïve), ingénu
Op art	l'op art *m*
pointillisme	le pointillisme
Pop art	le pop art

primitive	primitif(-ive)
profane (secular)	profane
Renaissance	la Renaissance
Renaissance art	l'art *m* de la Renaissance
representational	figuratif(-ive)
sacred	sacré
school (of)	l'école *f* (de)
sfumato	sfumato
Surrealism	le surréalisme
Surrealist	le (la) surréaliste
symbol	le symbole
symbolic	symbolique
to symbolise	symboliser
Symbolists	les Symbolistes *mpl*
technique	la technique
triptych	le tryptique
ceramics	**la céramique**
to bake	cuire au four
bisque ware	le biscuit
celadon	le céladon
to centre (clay on a potter's wheel)	centrer (l'argile au tour de potier)
china	la porcelaine
clay	l'argile *f*
crackleware (fine cracks in glaze)	la porcelaine craquelée
to craze	craqueler
earthenware	la faïence
grit	le sable, le grès

hand-painted	peint à la main
impermeable	imperméable
intaglio (incised decoration)	la gravure en creux, l'intaille *f*
kiln	le four
leather-hard	durci
lustre	le lustre
to moisten	humecter
mould	le moule
to mould	mouler
non-toxic (of tableware glaze)	non toxique
pinhole (in glaze)	le trou d'épingle
porcelain	la porcelaine
pottery	la poterie
raku	la raku
slab pot	le pot carré
slipware (runny clay decoration)	la faïence engobée
stoneware	des pots de grès
to throw	tourner
wheel	la roue
contemporary painting	**la peinture contemporaine**
abstract	abstrait
agent	l'agent *m*
artist	l'artiste *m* & *f*
background	l'arrière-plan *m*
brush	le pinceau

canvas	la toile
colour	la couleur
to colour (a print)	colorer, enluminer (une gravure)
coloured	coloré, en couleur
commission	la commission
contrast	le contraste
to contrast	contraster
crayon	le crayon de couleur, le pastel
draughtsman	le dessinateur
to draw	dessiner
drawing	le dessin
dull	mat
easel	le chevalet
to engrave	graver
engraving	la gravure, l'estampe *f*
exhibition	l'exposition *f*
foreground	le premier plan *m*, l'avant-plan *m*
gallery	la galerie
glaze	le glacé
to imitate	imiter
imitation	l'imitation *f*
impasto	l'empâtement *m*
to innovate	innover
innovation	l'innovation *f*
innovative	novateur(-trice)
installation	l'installation *f*
interactive	interactif(-ive)

landscape	le paysage
landscape painter	le (la) paysagiste
likeness,	la ressemblance
resemblance	
oil paints	les couleurs *fpl* à l'huile
outline	l'esquisse *f*
to paint	peindre
painter	le peintre, la femme peintre
painting	la peinture
palette	la palette
patronage (of artist)	la protection
patronage (of arts)	le mécénat
to patronise	accorder sa clientèle à
patron (of painter)	le protecteur, la protectrice
patron (of the arts)	le mécène
picturesque	pittoresque
portrait	le portrait
portraitist	le (la) portraitiste
print	l'estampe *f*
similar	semblable (à)
still life	la nature morte
studio	l'atelier *m*, le studio
tone	le ton
watercolour	l'aquarelle *f*
sculpture	**la sculpture**
bust	le buste
to carve	sculpter, ciseler
cast	le moule
chisel	le ciseau

group	le groupe
model	le modèle
sculptor	le sculpteur
shape	la forme
to shape	façonner
statue	la statue
workshop	l'atelier *m*

LITERATURE	LA LITTÉRATURE
alphabet	l'alphabet *m*
assonance	l'assonance *f*
author	l'auteur *m*
authoress	la femme auteur
autobiographical	autobiographique
autobiography	l'autobiographie *f*
ballad	la ballade
biographer	le (la) biographe
biographical	biographique
biography	la biographie
bookseller	le (la) libraire
bookshop	la librairie
character	le personnage
copyright	les droits *mpl* d'auteur, le copyright
critic	le (la) critique
criticism	la critique
drama	l'art dramatique *m*; le drame
edition	l'édition *f*
editor	l'éditeur, l'éditrice

editor (newspaper)	le rédacteur
encyclopaedia	l'encyclopédie *f*
encyclopaedic	encyclopédique
epic	l'épopée *f*, le poème épique
fiction	la fiction
fictional	fictif(-ive)
illiterate (person)	l'analphabète *m & f*
to learn by heart	apprendre par coeur
literate	qui sait lire et écrire, instruit, cultivé
metre	le mètre
narrative	la narration, le récit
novel	le roman
novelist	le romancier, la romancière
oral tradition	la tradition orale
paperback	le livre de poche
papyrus	le papyrus
parchment	le parchemin
picaresque	picaresque
poet	le poète, la poétesse
poetic	poétique
poetry	la poésie
précis	le résumé, le précis
publisher	l'éditeur *m*
reader	le lecteur, la lectrice
rhyme	la rime
to rhyme	rimer
royalties	les droits *mpl* d'auteur, la redevance

saga	la saga
science fiction	la science-fiction
sonnet	le sonnet
stanza	la strophe
story	le conte
storyteller	le conteur, la conteuse
style	le style
syllable	la syllabe
tradition	la tradition
writer	l'écrivain *m*,
	la femme-écrivain

see also **LEARNING**, *language* p 130

children's books	**les livres** *mpl* **de jeunesse**
Bluebeard	Barbe-bleue
to cast a spell	jeter un charme
Cinderella	Cendrillon
dwarf	le nain
elf	l'elfe *m*
enchanting,	charmant
delightful	
fairy tale	le conte de fées
gnome	le gnome
goblin	le lutin
magic	la magie
magical	magique
magician	le magicien, la magicienne
mermaid	la sirène
nursery rhyme	la comptine
Puss-in-Boots	le Chat Botté

Red Riding Hood	le Petit Chaperon Rouge
Sleeping Beauty	la Belle au bois dormant
Snow Queen	la Reine des neiges
Snow White	Blanche-Neige
spell, charm	le charme
witch	la sorcière
wizard	le sorcier
mythology	**la mythologie**
Achilles	Achille
Achilles' heel	le talon d'Achille
The Arabian Nights	les Mille et Une Nuits
Armageddon	Armageddon *m*
Atlantis	l'Atlantide *f*
Cyclops	le cyclope
Herculean	herculéen(-enne)
Hercules	Hercule
Homer	Homère
Homeric	homérique
Iliad	l'Iliade *f*
Odysseus	Odusseus
Odyssey	l'Odyssée *f*
Remus	Rémus
Romulus	Romulus
rune	la rune
Thor	Tor *m*
Trojan	troyen(-enne)
Trojan horse	le cheval de Troie
Valhalla	Walhalla *m*

childbirth	**l'accouchement** *m*
abortion	l'avortement *m*
baby	le bébé
baptism	le baptême
to be born	naître
to be pregnant	être enceinte
birthday	l'anniversaire *m*
boy	le garçon
child	l'enfant *m & f*
children	les enfants *m & f*
to christen	baptiser
to conceive	concevoir
condom	le préservatif
contraception	la contraception
contraceptive	le contraceptif
contraceptive pill	la pilule anticonceptionnelle
family planning	le planisme familial,
	l'orthogénie *f*
girl	la jeune fille
to give birth	accoucher
to grow up	devenir adulte
to have an abortion	se faire avorter
maternity	la maternité
to menstruate	avoir ses règles
name	le nom
to name	nommer
nurse	la nourrice
paternity	la paternité
period	les règles *fpl*

surname	le nom de famille
twin	le jumeau, la jumelle
young	jeune
childcare	**la protection infantile,**
	l'assistance *f* **à l'enfance**
to baby-sit	garder les enfants
baby-sitter	le (la) babysitter
to breastfeed	allaiter
child minder	la nourrice,
	l'assistante *f* maternelle
crèche	la crèche
infancy	la petite enfance
learning	le savoir
nanny	la bonne d'enfants
nursery	la chambre d'enfants
to play	jouer
playschool	la garderie d'enfants
to spoil (a child)	gâter
spoilt	gâté
death	**la mort, le décès**
ashes	les cendres *fpl*
bier	la bière
body	le cadavre
burial	l'enterrement *m*
to bury	enterrer
cemetery	le cimetière
coffin	le cercueil
to comfort	réconforter
to console	consoler

to cremate	incinérer
cremation	la crémation
crematorium	le crématorium
dead man	le mort
dead woman	la morte
deathbed	le lit de mort
death certificate	l'acte *m* de décès
deceased	le défunt, la défunte
to die	mourir, décéder
dying	mourant
grave	la tombe
to grieve	s'affliger, se désoler (de)
to mourn	se lamenter sur, pleurer
mourning	le deuil
to survive	survivre
survivor	le (la) survivant(e)
wake	la veillée mortuaire
to wear mourning	porter le deuil, être en deuil
to weep	pleurer
extended family	**la famille étendue**
aunt	la tante
cousin (female)	la cousine
cousin (male)	le cousin
goddaughter	la filleule
godfather	le parrain
godmother	la marraine
godson	le filleul
granddaughter	la petite-fille
grandfather	le grand-père

grandmother	la grand-mère
grandparents	les grands-parents *mpl*
grandson	le petit-fils
great-aunt	la grand-tante
great-nephew	le petit-neveu
great-niece	la petite-nièce
great-uncle	le grand-oncle
nephew	le neveu
niece	la nièce
stepbrother	le demi-frère
stepdaughter	la belle-fille
stepfather	le beau-père
stepmother	la belle-mère
stepsister	la demi-soeur
stepson	le beau-fils
uncle	l'oncle *m*
marriage	**le mariage**
annulment	l'annulation *f*
bachelor	le célibataire
boyfriend	le petit ami
brother-in-law	le beau-frère
couple	le couple
daughter-in-law	la bru
divorce	le divorce
engagement,	les fiançailles *fpl*
betrothal	
to fall in love with	tomber amoureux, amoureuse de
father-in-law	le beau-père

girlfriend	la petite amie
honeymoon	la lune de miel,
	le voyage de noces
love	l'amour *m*
maiden name	le nom de jeune fille
married name	le nom de femme mariée
marriage certificate	l'acte *m* de mariage
to marry	se marier (avec)
mother-in-law	la belle-mère
separation	la séparation
sister-in-law	la belle-soeur
son-in-law	le gendre
spinster	la célibataire
surname	le nom de famille
wedding	le mariage
wedding ring	l'alliance *f*,
	l'anneau *m* de mariage
young man	le jeune homme
young woman	la jeune femme
youth	le jeune
nuclear family	**la famille *f* nucléaire**
brother	le frère
brotherhood	la fraternité
brotherly	fraternel(-elle)
daughter	la fille
elder	aîné
father	le père
filial	filial
husband	le mari

mother	la mère
parents	les parents *mpl*
sister	la soeur
sisterhood	la communauté (des femmes)
sisterly	de soeur
son	le fils
spouse	l'époux *m*, l'épouse *f*
uxorious	excessivement dévoué à sa femme
wife	la femme
younger	cadet(-ette)
the older generation	**les personnes âgées** *fpl*
active	actif, active
age	l'âge *m*
the aging process	le vieillissement
Alzheimer's disease	la maladie d'Alzheimer, la démence sénile
ancestor	l'ancêtre *m*
annuity	la pension viagère
descendant	le (la) descendant(e)
to get old	vieillir
fit	en forme
forebear	l'aïeul *m*, l'aïeule *f*
forgetful	oublieux(-euse)
frail	fragile
healthy	en bonne santé
mature	mûr
maturity	la maturité

menopause	la ménopause
middle-aged	d'un certain âge
mid-life crisis	la crise de la quarantaine
old	vieux (vieille)
old age	la vieillesse
old man	le vieil homme
old woman	la vieille dame
orphan	l'orphelin, l'orpheline
pension	la retraite, la pension
pensioner	le retraité, la retraitée
to retire	prendre sa retraite
retirement	la retraite
retirement home	la maison de retraite
senior	plus âgé, aîné
vigorous	vigoureux(-euse)
widow	la veuve
widower	le veuf

FISH   LES POISSONS *mpl*

freshwater fish	**les poissons d'eau douce**
carp	la carpe
perch	la perche
pike	le brochet
piranha	le piranha
salmon	le saumon
trout	la truite
voracious	vorace

marine mammals	**les mammifères** *mpl* **marins**
dolphin	le dauphin
killer whale	l'épaulard *m*
manatee (sea cow)	le lamantin (la vache marine)
seal	le phoque
sea lion	l'otarie *f*
walrus	le morse
whale	la baleine
sea creatures	**les créatures maritimes** *fpl*
anemone	l'anémone de mer, l'actinie *f*
caviar	le caviar
cephalopod	le céphalopode
cod	la morue
coral	le corail
coral reef	le récif de corail
eel	l'anguille *f*
electric eel	l'anguille électrique *f*
elver	la civelle
fin	l'aileron *m*
flipper	la nageoire
gills	les ouïes *fpl*, les branchies *fpl*
haddock	l'aiglefin *m*
hake	le merlu, le colin
herring	le hareng
krill	le krill
octopus	la pieuvre
plaice	le carrelet
plankton	le plancton
sardine	la sardine

scale	l'écaille *f*
school (of fish)	le banc
sea horse	l'hippocampe *m*
shark	le requin
skate	la raie
sole	la sole
squid	le calmar
starfish	l'étoile de mer *f*
sturgeon	l'esturgeon *m*
tentacle	le tentacule
tuna fish	le thon
shellfish	**les coquillages** *mpl*
clam	la palourde
cockle	la coque
crab	le crabe
crayfish	la langouste
crustacean	le crustacé
cuttlefish	la seiche
limpet	la patelle
lobster	le homard
mollusc	le mollusque
mussel	la moule
oyster	l'huître *f*
prawn	la crevette rose
seashell	le coquillage
sea urchin	l'oursin *m*
shell (crab etc)	la carapace
shrimp	la crevette grise
whelk	le buccin

civil service	**la fonction publique**
administrator	l'administrateur(-trice)
ambassador	l'ambassadeur *m*
attaché	l'attaché *m*
chargé d'affaires	le chargé d'affaires
civil servant	le (la) fonctionnaire
consul	le consul
consulate	le consulat
deputy	le député
diplomacy	la diplomatie
diplomat	le diplomate
embassy	l'ambassade *f*
local government	**l'administration *f* locale**
to administer	administrer
to adopt	adopter
to advise	conseiller
to campaign	faire campagne
community	la communauté
council	le conseil
councillor	le (la) conseiller(-ère)
to deliberate	délibérer
dialogue	le dialogue
to discuss	discuter de
mayor	le maire
public meeting	l'assemblée publique
referendum	le référendum
session	la séance
town council	le conseil municipal
town hall	la mairie

voluntary adj	bénévole
volunteer	le (la) volontaire
monarchy	**la monarchie**
absolute	absolu
aristocracy	l'aristocratie *f*
aristocrat	l'aristocrate *m & f*
to assent	donner son assentiment (à), sanctionner
autocratic	autocratique
ceremonial	le cérémonial
ceremony	la cérémonie
chancellor	le chancelier
commoner	le (la) roturier(-ière)
to confiscate	confisquer
confiscation	la confiscation
constitutional adj	constitutionnel(-le)
coronation	le couronnement
counter-revolution	la contre-révolution
court	la cour
courtier	le courtisan, la dame de cour
crown	la couronne
to crown	couronner
crown jewels	les joyaux *mpl* de la couronne
decree	le décret
to decree	décréter
disestablishment (of Church from State)	la séparation de l'Église et de l'État
divine right	le droit divin
emperor	l'empereur *m*

empress	l'impératrice *f*
established / State church	l'Église Établie, la religion d'État
figurehead	la potiche
formal	officiel(-le), cérémonieux(-euse)
formality	la formalité, la cérémonie
guillotine	la guillotine
to guillotine	guillotiner
inheritance	l'héritage *m*
king	le roi
lineage	la lignée, le lignage
majesty	la majesté
monarch	le monarque
photo opportunity	la séance de photos
primogeniture	la primogéniture, le droit d'aînesse
prince	le prince
princess	la princesse
to proclaim	proclamer
proclamation	la proclamation
queen	la reine
rank	le rang
regal	majestueux(-euse)
to reign	régner
revolution	la révolution
robes	les robes *fpl*
royal	royal (*pl* royaux)
secular	séculier(-ière)

secularisation	la sécularisation
subject	le sujet
throne	le trône
title	le titre
viceroy	le vice-roi
walkabout	le bain de foule
whim	le caprice
politics	**la politique**
cabinet	le conseil des ministres
city-state	la cité
communist	le (la) communiste
conservative	le (la) conservateur(-trice)
democrat	le (la) démocrate
to elect	élire
election	l'élection *f*
fascist	fasciste
to govern	gouverner
green party	le parti écologiste
liberal	le libéral, la libérale
market economy	l'économie *f* de marché
minister	le ministre
ministry	le ministère
parliament	le parlement
political	politique
politician	l'homme (la femme) politique
president	le président
republic	la république
republican	le (la) républicain(e)
senate	le sénat

senator	le sénateur
social democrat	le (la) social-démocrate
socialist	socialiste
state	l'État *m*
vote	le vote
to vote	voter

HEALTH   LA SANTÉ

ailments	**les maladies** *fpl* **bénignes**
anti-histamine	l'antihistaminique *m*
aspirin	l'aspirine *f*
boil	le furoncle
to catch a cold	s'enrhumer
cold (illness)	le rhume
cough	la toux
to cough	tousser
cramp	la crampe
dermatitis	la dermatite
flu	la grippe *f*
to get fat	grossir
hay fever	le rhume des foins
headache	le mal de tête
hormone	l'hormone *f*
imbalance	le déséquilibre
migraine	la migraine
rash	la rougeur, l'éruption *f*
stomach upset	le mal à l'estomac

tonsillitis	l'amygdalite *f*
wart	la verrue
complementary	**la médecine parallèle,**
medicine	**la médecine douce**
acupuncture	l'acuponcture *f*
aromatherapy	l'aromathérapie *f*
chiropractic	la chiropraxie
faith healing	la guérison par la foi
holistic	holistique
massage	le massage
spa	la station thermale
drug abuse	**l'usage *m* de stupéfiants**
alcohol	l'alcool *m*
alcoholic	l'alcoolique *m* & *f*
aversion therapy	la cure d'interdiction provoquée
cocaine	la cocaïne
dealer	le revendeur, la revendeuse
detoxification	la désintoxication
drug	la drogue
drug addict	le toxicomane
drug addiction	la toxicomanie
drugs traffic	le trafic de drogue
drugs trafficker	le trafiquant de drogue
hangover	la gueule de bois
hashish	l'hashisch *m*
heroin	l'héroïne *f*
to inhale	avaler la fumée
to inject	injecter

to launder money	blanchir de l'argent
marijuana	la marijuana
methadone	la méthadone
nicotine	la nicotine
passive smoking	le tabagisme passif
to smoke	fumer
to sniff	renifler
snuff	le tabac à priser
syringe	la seringue
to take drugs	se droguer
withdrawal syndrome	l'état m de manque
hospital(s)	**l'hôpital m (les hôpitaux)**
anaesthetic	l'anesthésie f
anaesthetist	l'anesthésiste m & f
antibiotic	l'antibiotique m
antibody	l'anticorps m
blood cell	la cellule sanguine
blood group	le groupe sanguin
blood pressure	la tension artérielle
blood test	l'analyse f de sang
bypass operation	le pontage
care	les soins mpl
careful	soigneux(-euse)
careless, negligent	négligent
carelessness	le manque de soin
clinic	la clinique
consultant	le médecin consultant
curable	curable

cure —le remède

to cure   guérir

diagnosis —le diagnostic

doctor —le médecin,
la femme médecin

face-lift — le lifting, le déridage

genetic engineering   la manipulation génétique

incurable — incurable, inguérissable

infirmary   l'infirmerie *f*

to look after — soigner

medicine —le médicament

microsurgery — la microchirurgie

midwife —la sage-femme

nurse —l'infirmier, l'infirmière

outpatient — le (la) malade en consultation
externe

painkiller —le calmant, l'analgésique *m*

patient— le patient, la patiente

pharmacist —le pharmacien, la pharmacienne

pharmacy   la pharmacie

pill — le cachet, la pilule

plastic surgery —la chirurgie esthétique

prescription —l'ordonnance *f*

to relieve — soulager

specialist —le (la) spécialiste

surgeon —le chirurgien

surrogate mother —la mère-porteuse

test-tube baby —le bébé-éprouvette

therapy —la thérapie

treatment	le traitement
to undergo an operation	subir une opération
vaccine	le vaccin
illnesses	**les maladies** *fpl*
acute	aigu(ë)
AIDS	le sida
allergic	allergique
allergy	l'allergie *f*
angina	l'angine *f* de poitrine
anorexia	l'anorexie *f*
anorexic adj	anorexique
arthritis	l'arthrite *f*
breast cancer	le cancer du sein
bulimia	la boulimie
bulimic adj	boulimique
cancer	le cancer
chemotherapy	la chimiothérapie
chronic	chronique
disability	l'invalidité *f*, l'incapacité *f*
disabled	infirme, handicapé
diverticulitis	la diverticulite
donor	le donneur, la donneuse
eczema	l'eczéma *m*
food poisoning	l'intoxication *f* alimentaire
gallstone	le calcul
haemophilia	l'hémophilie *f*
haemophiliac	l'hémophile *m*
handicap	l'handicap *m*

handicapped person	l'handicapé(e) m(f)
heart attack	la crise cardiaque
heart surgery	la chirurgie du coeur
heart transplant	la greffe du coeur
hepatitis	l'hépatite f
HIV-positive	séropositif (au virus VIH)
implant	l'implant m
infertile	stérile
multiple sclerosis	la slérose en plaques
obese	obèse
obesity	l'obésité f
pacemaker	le stimulateur cardiaque
pneumonia	la pneumonie, la fluxion de poitrine
psoriasis	le psoriasis
rheumatism	le rhumatisme
septicaemia	la septicémie
stroke	l'attaque f (d'apoplexie)
tumour	la tumeur
injury	**la blessure**
to bleed	saigner
cast	le plâtre
to clot	se coaguler
crutches	les béquilles fpl
to cut oneself	se couper
to dislocate	se démettre
fracture	la fracture
to injure	blesser
pain	la douleur

painful	douloureux(-euse)
to scar	se cicatriser
sprain	l'entorse *f*
stitches	les points *mpl* de suture
to twist	se tordre
wheelchair	le fauteuil roulant
wound	la blessure, la plaie
mental illness	**la maladie mentale**
to depress	déprimer
depressed	déprimé
depression	la dépression
hypochondriac	l'hypocondriaque *m* & *f*
mad	fou (folle)
madness	la folie
manic-depressive	maniaco-dépressif(-ive), cyclothymique
obsession	l'obsession *f*
personality	les troubles *mpl* de la
disorder	personnalité
psychoanalysis	la psychanalyse
psychoanalyst	le (la) psychanalyste
psychologist	le (la) psychologue
psychology	la psychologie
psychopathic	psychopathique
psychosomatic	psychosomatique
schizophrenia	la schizophrénie
self-esteem	l'amour-propre *m*
prevention	**la prévention** *f*
aerobic	d'aérobic

calcium	le calcium
calorie	la calorie
check up	le bilan de santé
cholesterol	le cholestérol
diet	la diète, le régime
energy	l'énergie *f*
exercise	l'exercice *m*
fit	en (bonne) forme
fitness	la forme physique
flexible	flexible
gym	le gymnase
healer	le guérisseur, la guérisseuse
healthy	sain
minerals	les minéraux *mpl*
nutrition	la nutrition, l'alimentation *f*
screening	le test de dépistage
sports	les sports *mpl*
stiff	ankylosé
supple	souple
tired	fatigué
trace element	l'oligo-élément *m*
unhealthy	malsain
vitamin	la vitamine
sickness	**la maladie**
to become ill	tomber malade
to be ill	être malade
contagious	contagieux(-euse)
epidemic	l'épidémie *f*
germ	le germe

to get well	se remettre
microbe	le microbe
plague	la peste
to recover	se rétablir
sick	malade
to suffer	souffrir
symptoms	**les symptômes** *mpl*
ache	le mal
faint adj	faible
to faint	s'évanouir
fever	la fièvre
(to have a) fit	(avoir une) crise
headache	le mal de tête
to heat	chauffer
hoarse	enroué
hot	chaud
indigestion	la dyspepsie,
	la mauvaise digestion
intolerance	l'intolérance *f*
pain	la douleur
pale	pâle
perspiration	la transpiration
to shiver	frissonner
sore throat	le mal de gorge
sweaty	en sueur
swelling	l'enflure *f*
swollen	enflé
temperature	la température
to turn pale	pâlir

abcess	l'abcès *m*
amalgam	l'amalgame *m*
anaesthetic (local)	l'anesthétique (locale) *m*
to bite	mordre
braces (for straightening teeth)	l'appareil orthopédique *m*
bridge	le bridge
broken	cassé
cavity	la cavité
crown	la couronne
dentist	le (la) dentiste
dentures	le dentier
to drain	faire écouler
to drill	fraiser
to extract	arracher
extraction	l'arrachement *m*
filling	le plombage
gold	l'or *m*
hygienist	l'hygiéniste *m* & *f*
mouthwash	l'eau *f* dentifrice
orthodontist	l'orthodontiste *m* & *f*
peg	la fiche
permanent	permanent
porcelain	la porcelaine
to rinse out (one's mouth)	se rincer (la bouche)
root canal	le canal dentaire
sore adj	douloureux(-euse)
temporary	provisoire

tender	sensible
toothache	la rage de dents
ulcer	l'aphte *m*

THE HOME   LA MAISON

bathroom	**la salle de bains**
to air	aérer
airing cupboard	l'armoire *f* sèche-linge
bath	le bain
to bathe	se baigner, prendre un bain
bathmat	le tapis de bain
bathrobe	le peignoir de bain
bathtub	la baignoire
burst adj	éclaté
to burst	éclater, sauter
cabinet	le meuble (de rangement)
condensation	la condensation, la buée
damp	humide
dry	sec (sèche)
to dry oneself	se sécher
extractor fan	le ventilateur
flannel, facecloth	le gant de toilette
to floss	nettoyer avec un fil dentaire
mirror	le miroir
mould	la moisissure
mouthwash	l'eau *f* dentifrice
pipe	le tuyau, le tube

plug	la bonde, la vidange
plughole	le trou d'écoulement
plumber	le plombier
scales	le pèse-personne
shower	la douche
sponge	l'éponge *f*
to take a shower	prendre une douche
tap	le robinet
toilet bowl	la cuvette des cabinets
toilet paper	le papier hygiénique
toothbrush	la brosse à dents
tooth floss	le fil dentaire
toothpaste	le dentifrice
toothpick	le cure-dents
towel	la serviette (de toilette)
towel rail	le porte-serviettes
to turn off (tap)	fermer
to turn on (tap)	ouvrir
to wash	laver
washbasin	le lavabo
washer (of tap)	la rondelle
to wash oneself	se laver

see also **THE HOME**, *toiletries* p104

bedroom	**la chambre à coucher**
alarm clock	le réveil
to awaken	se réveiller
bed	le lit
bedspread	le couvre-lit
blanket	la couverture

bolster	le traversin
bunk bed	les lits superposés
chest of drawers	la commode
coat hanger	le cintre
cot	le lit d'enfant
drawer	le tiroir
dressing table	la coiffeuse
duvet	la couette
duvet cover	la housse de couette
the early hours	de bonne heure, très tôt
electric blanket	la couverture chauffante
to fold	plier
to get up early	se lever tôt
to go to bed	aller se coucher
hot-water bottle	la bouillotte
linen basket	le panier à linge
master bedroom	la chambre principale
mattress	le matelas
nightcap (drink)	la boisson alcoolisée prise avant le coucher
pillow	l'oreiller *m*
pillowslip	la taie *f* d'oreiller
quilt	l'édredon *m*
screen	le paravent
sheets	les draps *mpl*
to sleepwalk	marcher en dormant, être somnambule
sleepwalker	le (la) somnambule
sleepwalking	le somnambulisme

slippers	les pantoufles *fpl*
stool	le tabouret
to wake (someone)	réveiller
wardrobe	la garde-robe
building	**le bâtiment** *m*
air conditioning	la climatisation
angular	anguleux(-euse)
beam	la poutre
board	la planche
boiler	la chaudrière
brick	la brique
to build	construire
building site	le chantier
cable	le câble
ceiling	le plafond
cement	le ciment
chimney	la cheminée
circuit breaker	le disjoncteur
column	la colonne
concrete	le béton
contractor	l'entrepreneur *m*
cornerstone	la pierre angulaire
coving	la voussure
to demolish	démolir
to destroy	détruire
drainpipe	le tuyau d'écoulement, le renvoi
ducting	la canalisation
electricity supply	l'alimentation *f* en électricité

fireplace	la cheminée
floor	le plancher
foundations	les fondations *fpl*
to found	fonder
fusebox	la boite à fusibles
gutter	la gouttière
heating system	le système de chauffage
joist	la solive
meter	le compteur
partition wall	la cloison
pipework	les canalisations *fpl*
plan	le plan
plaster	le plâtre
plumbing	la tuyauterie, la plomberie
repair	réparer
roof	le toit, la toiture
roof tile	la tuile
sand	le sable
screed	la règle à araser le béton, le guide
skirting	la plinthe
slate	l'ardoise *f*
smoke detector	le détecteur de fumée
solid adj	solide, massif, plein
step	la marche
stone	la pierre
stopcock	le robinet d'arrêt
tile	le carreau
vent	le conduit d'aération

wall	le mur, la muraille
water tank	le réservoir d'eau, la citerne
wood	le bois
to clean	**nettoyer**
basket	le panier
broom	le balai
bucket	le seau
clean	propre
dirty	sale
empty	vide
to empty	vider
to fill	remplir
full	plein
to rub	frotter
to scrub	nettoyer à la brosse
to sweep	balayer
to wash (dishes)	faire la vaisselle
to wipe	essuyer
corridor	**le couloir**
grandfather clock	l'horloge *f* normande
hall (large room)	la (grande) salle
hall, lobby	le hall, l'entrée *f*
hatstand, coat rack	le portemanteau
decoration	**le décor d'intérieur**
antiquated	vétuste
blind	le store
carpet	le tapis
chintz	le chintz
chintzy	rustique

comfortable	confortable
curtain	le rideau
damask	le damas
eggshell finish	la peinture presque mate
emulsion paint	la peinture mate
floor tiles	les tommettes *fpl*
frame	le cadre
furnished	meublé
furniture	le mobilier
gloss paint	la peinture brillante
to hang	accrocher
hessian	la toile de jute
to keep, preserve	garder
linen	le linge de maison
loose cover (eg for sofa)	la hausse
luxurious	luxueux(-euse)
modern	moderne
moth-eaten	mité
paint	la peinture
to paint	peindre
paint (colour) *chart*	le nuancier
photograph	la photo, la photographie
photograph album	l'album *m* de photos
picture	l'image *f*, le tableau
a piece of furniture	le meuble
pile (of carpet)	les poils *mpl* (d'un tapis)
portrait	le portrait
radiator	le radiateur

roomy, spacious	spacieux(-euse)
rug, mat	la carpette, le petit tapis
samples	les échantillons *mpl*
to sand	poncer
sandpaper	le papier de verre
silk finish adj	satiné
to take down	décrocher
tapestry adj	en tissu
tapestry	la tapisserie
tile (decorative)	le carreau
tiling	le carrelage
uncomfortable	inconfortable, incommode
Venetian blind	le store vénitien
wallpaper	le papier peint
to wallpaper	tapisser
weave (eg of carpet)	le tissage
dining room	**la salle à manger**
beverage, drink	la boisson
bottle	la bouteille
bottle-opener	l'ouvre-bouteille *m*
breakfast	le petit déjeuner
to breakfast	prendre le petit déjeuner
to carve (meat)	découper
chair	la chaise
china	la porcelaine
coffee mill	le moulin à café
coffee pot	la cafetière
cork	le bouchon

corkscrew	le tire-bouchon
to cover	couvrir
crockery	la vaisselle
cup	la tasse
to cut	couper
cutlery	les couverts *mpl*
(set of) cutlery	(le coffre de) coutellerie *f* de table
dessert spoon	la cuiller à dessert
dinner	le dîner
to drink	boire
to eat, dine	manger, dîner
fork	la fourchette
(drinking) glass	le verre
gravy (sauce) *boat*	la saucière
ice bucket	le seau à glace / à champagne
to keep warm	tenir au chaud
knife	le couteau
lunch	le déjeuner
to lunch	déjeuner
meal	le repas
mustard pot	le moutardier
mustard spoon	la cuiller à moutarde
napkin	la serviette
pepper grinder	le moulin à poivre
plate	l'assiette *f*
porcelain	la porcelaine
to pour out	verser
to pull out	enlever, tirer

salt cellar	la salière
saucer	la soucoupe
serving dish	le plat
sharp	coupant, affûté
sideboard	le buffet
spoon	la cuillère, la cuiller
spoonful	la cuillerée
stainless adj *(steel)*	inoxydable (l'inox *m*)
sugar bowl	le sucrier
supper	le souper
to have supper	souper
table	la table
tablecloth	la nappe
tablecloth (damask)	le linge damassé
table mat	le napperon
table service	le service de table
tablespoon	la cuiller de service
tea pot	la théière
teaspoon	la petite cuiller
to toast (health)	porter un toast
tray	le plateau
to uncork	déboucher
to uncover	découvrir
electricity	**l'électricité** *f*
central heating	le chauffage central
fan	le ventilateur
heater	l'appareil de chauffage *m*
light bulb	l'ampoule *f*
meter	le compteur

plug	la prise (mâle)
socket	la prise (femelle) de courant
switch	l'interrupteur *m*
to switch off	éteindre
to switch on	allumer
fire	**le feu**
ashes	les cendres *fpl*
to blaze	flamber
to burn	brûler
burning	allumé
charcoal	le charbon de bois
coal	le charbon
embers	les braises *fpl*
firewood	le bois de chauffage
flame	la flamme
to glow	rougeoyer
hearth	l'âtre *m*
to light	allumer
matches	les allumettes *fpl*
to poke	tisonner
poker	le tisonnier
to scorch	roussir
shovel	la pelle
to smoulder	couver
spark	l'étincelle *f*
to sparkle	étinceler
stove	le poêle
smoke	la fumée
to smoke	fumer

woodcutter	le bûcheron
housing	**le logement**
apartment block	l'immeuble *m*
bungalow	le bungalow
caravan	la caravane
castle	le château
chalet	le chalet
cottage	la petite maison de campagne
cottage (thatched)	la chaumière
council house	la maison louée à la municipalité
country house	la maison de campagne
farmhouse	la maison de ferme
house	la maison
houseboat	la péniche aménagée, le house-boat
hut	la hutte
igloo	l'igloo *m*
lighthouse	le phare
log cabin	la cabane en rondins
manor, mansion	le manoir
palace	le palais
penthouse	l'appartement *m* de grand standing
semi-detached house	la maison jumelée
shack	la cabane
shanty	la baraque
shantytown	le bidonville
stately home	le château

tepee	le tipi
terraced house	la maison en mitoyenneté
villa	la villa
inside	**l'intérieur** *m*
banisters	la rampe
to bolt	verrouiller
door	la porte
fanlight	l'imposte *f*
hinge	le gond
to inhabit	habiter
inhabitant	l'habitant *m*, l'habitante *f*
jamb (door frame)	le jambage
key	la clef, la clé
lintel	le linteau
lock	la serrure
to lock	fermer à clef
to open	ouvrir
opening	l'ouverture *f*
to reside	résider
residence	la résidence, la demeure
room	la pièce, la chambre
to shut, close	fermer
staircase, stairs	l'escalier *m*
kitchen	**la cuisine**
appliance	l'appareil *m*
barbecue grill	le barbecue
bench	le banc
to boil	faire bouillir
cabinet	le meuble de rangement

casserole	la cocotte
chopping board	la planche à hacher
cleaver	le couperet
to cook	faire cuire, préparer
dishcloth	la lavette
dishwasher	le lave-vaisselle
draining board,	l'égouttoir *m*
plate rack	
electric cooker	la cuisinière électrique
food mixer	le mixeur
food processor	le robot de cuisine
freezer	le congélateur
frying pan	la poêle (à frire)
gas cooker	la cuisinière à gaz
glassware	la verrerie
grater	la râpe
grill	le gril
iron	le fer à repasser,
	le fer électrique
ironing board	la planche à repasser
jug	la cruche, le pichet
kitchen knife	le couteau de cuisine
larder, pantry	le garde-manger
lid, cover	le couvercle
microwave	le micro-ondes,
	le four à micro-ondes
to microwave	faire cuire au micro-ondes
oven	le four
oven glove	le gant isolant

pitcher	le broc
pot	la marmite
pressure cooker	l'autocuiseur *m*
refrigerator	le frigidaire, le frigo
roasting tin	le plat à rôtir
rubbish	les ordures *fpl*
rubbish bin	la poubelle
saucepan	la casserole
sewing machine	la machine à coudre
shelf	l'étagère *f*
sink	l'évier *m*
spatula	la spatule
tea towel	le torchon
toaster	le grille-pain
utensils	les ustensiles *mpl* de cuisine
utility room	la buanderie
vacuum cleaner	l'aspirateur *m*
washing machine	la machine à laver
washing powder	la lessive
waste / sink disposal unit	le broyeur d'ordures
wooden spoon	la cuiller en bois
worktop	le plan de travail
lighting	**l'éclairage** *m*
candle	la bougie
candlestick	le bougeoir
dazzle, splendour	l'éblouissement, la splendeur
lamp	la lampe
lampshade	l'abat-jour *m*

light	la lumière
light fitting	l'appareil d'éclairage *m*
light socket	la douille
light switch	l'interrupteur *m*
to light up	allumer
to put out, extinguish	éteindre
wax	la cire
wick	la mèche
living room	**la salle de séjour**
CD player	la platine laser
DVD player	le lecteur DVD
hi-fi system	la chaîne hi-fi
LP	le 33 tours
radio	la radio
record-player	l'électrophone *m*, le tourne-disque
television	la télévision
video recorder	le magnétoscope
lounge (of hotel)	**le salon**
(lounge) bar	(le salon), le bar
cocktail	le cocktail
drinks	les boissons alcoolisées *fpl*, les apéritifs *mpl*
drinks party	la beuverie
guest	l'invité, l'invitée
to invite	inviter
to serve	servir
table	la table

office / study	**le bureau**
answerphone	le répondeur
calculator	la machine à calculer, la calculatrice
computer	l'ordinateur *m*
to correct	corriger
cupboard (built in)	l'armoire *f* (le placard)
to edit	éditer
envelope	l'enveloppe *f*
fax machine	le télécopieur
filing cabinet	le classeur
floppy disk	la disquette
handwriting	l'écriture *f*
keyboard	le clavier
modem	le modem
monitor	le moniteur
mouse	la souris
paper	le papier
pen	le stylo
pencil	le crayon
postage stamp	le timbre-poste, le timbre
printer	l'imprimante *f*
software	le logiciel
stationery	les articles *mpl* de bureau, la papeterie
swivel chair	le fauteuil pivotant
telephone	le téléphone
to type	taper (à la machine)
to write	écrire

writing desk	le secrétaire

see also **WORK**, BUSINESS, *office* p219

outbuildings	**les dépendances** *fpl*
bolt	le verrou
flowerpot	le pot à fleurs
garage	le garage
garden tools	les outils *mpl* de jardinage
hasp	le loquet (de porte)
ladder	l'échelle *f*
neglected	à l'abandon
padlock	le cadenas
shed	l'abri *m* (de jardin), la cabane
storage	l'emmagasinage *m*
whitewashed	blanchi à la chaux
wooden	en bois
worm-eaten	vermoulu
outside	**l'extérieur** *m*
balcony	le balcon
doorbell	la sonnette
doorkeeper	le (la) gardien(-ne), concierge *m* & *f*
doorknocker	le heurtoir
doormat	le paillasson
to enter	entrer dans
entrance	l'entrée *f*
façade	la façade
front door	la porte d'entrée
glass	le verre
to go out	sortir

to knock at the door	frapper à la porte
to lock up	fermer à clef
porch	le porche
shutter	le volet
threshold	le seuil
way out	la sortie
window	la fenêtre
windowpane	la vitre
windowsill	l'appui *m* de la fenêtre
ownership	**la propriété**
agent	l'agent *m*
to change	changer
contract	le contrat
deposit	l'acompte *m*, les arrhes *fpl*
estate agent	l'agent *m* immobilier
forfeit	la peine
freehold	la propriété foncière libre
interest (on payment)	l'intérêt *m*
landlord, owner	le (la) propriétaire
lease	le bail
lessee	le (la) preneur(-euse) à bail
to let, rent out	louer
life insurance	l'assurance vie *f*
mortgage	l'emprunt-logement *m*
to move house	déménager
to own	être propriétaire de
rent (payment)	le loyer
repayment	le remboursement

to sublet	sous-louer
tenant	le (la) locataire
sitting room	**le salon**
armchair	le fauteuil
book(s)	le livre (les livres)
bookcase	la bibliothèque
bookshelf (shelves)	l'étagère *f* à livres, le rayon de bibliothèque
chair	la chaise
clock, (small clock)	l'horloge *f*, (la pendule)
couch, sofa	le canapé, le divan, le sofa
cushion	le coussin
ornament	le bibelot
to relax	se détendre
to rest	se reposer
rocking chair	le fauteuil à bascule
seat	le siège
to sit down	s'asseoir
to be sitting	être assis
stool	le tabouret
storeys	**les étages** *mpl*
to ascend (go up)	monter (par), gravir
ascent	la montée
attic	le grenier
basement	sous-sol *m*
cellar	la cave
descent	la descente
downstairs	en bas
first floor	le premier étage

to go down	descendre
ground floor	le rez-de-chaussée
landing	le palier
lift	l'ascenseur *m*
low	bas(-se)
top floor	le dernier étage
upstairs	en haut
toiletries	**les articles** *mpl* **de toilette**
bath oil	l'huile *f* pour le bain
body lotion	le lait corporel
(hair) brush	la brosse (à cheveux)
cleanser	le démaquillant
comb	le peigne
compact	le poudrier
conditioner (hair)	l'après-shampooing *m*
conditioner (skin)	la crème traitante
ear drops	les gouttes *fpl* pour les oreilles
electric razor	le rasoir électrique
emery board	la lime à ongles
eye drops	les gouttes *fpl* pour les yeux
face cream	la crème pour le visage
face pack	le masque de beauté
first-aid kit	la trousse à pharmacie
hairdryer	le sèche-cheveux, le séchoir
hair gel	le gel coiffant
hairnet	la résille
hairpiece	le postiche
hairpin	l'épingle *f* à cheveux

hairslide	la barrette
hairspray	la laque
hand cream	la crème pour les mains
lip gloss	le brillant à lèvres
lip salve	la pommade rosat
lipstick	le rouge à lèvres
makeup	le maquillage
nail clippers	le coupe-ongles
nail file	la lime à ongles
nail varnish	le vernis à ongles
razorblade	la lame de rasoir
razor	le rasoir
shampoo	le shampooing
shaving foam	la mousse à raser
shaving foam (aerosol)	la bombe à raser
shaving soap	la crème à raser
soap	le savon
talcum powder	le talc
toner	la lotion tonique
tools	**les outils** *mpl*
awl	l'alêne *f*
axe	la hache
to dig	bêcher
drill	la perceuse
drill bit	la mèche
(garden) *fork*	la fourche à bêcher
glue	la colle
to glue, stick	coller

hammer	le marteau
to hammer	marteler
hoe	la houe, la binette
to hoe	biner, sarcler
lawnmower	la tondeuse à gazon
nail(s)	le clou (les clous)
to nail	clouer
paintbrush	le pinceau
pickaxe	la pioche
plane	le rabot
to plane	raboter
rake	le râteau
to rake	ratisser
sander	la ponceuse
to sand	poncer
saw	la scie
to saw	scier
sawdust	la sciure de bois
screw	la vis
screwdriver	le tournevis
to screw (in)	visser
spade	la bêche

THE HUMAN BODY   LE CORPS

appearance	**l'apparence** *f*
beautiful	beau (belle)
beauty	la beauté

big, tall	grand
bony	osseux(-euse)
broad	large
fat	gros(-se)
handsome	bien tourné, beau (belle)
height	la taille
left	la gauche
left-handed	gaucher(-ère)
long	long(-ue)
narrow	étroit
plump	potelé
pretty	joli
right	la droite
right-handed	droitier(-ière)
short	court
slight, frail	frêle
small	petit
strength	la force
strong	fort
thin	maigre
ugliness	la laideur
ugly	laid
weak	faible
weakness	la faiblesse
hair	**les cheveux** *mpl*
auburn	châtain roux, auburn *invar*
bald	chauve
beard	la barbe
bearded	barbu

blond(e)	blond(e)
brown	châtain *invar*
(hair) brush	la brosse (à cheveux)
to brush	brosser
clean-shaven	glabre, rasé de près
coarse	rude
comb	le peigne
to comb	se peigner
curl	la boucle
curly	frisé
dandruff	les pellicules *fpl*
dark-haired adj	aux cheveux bruns
depilatory	le dépilatoire
facial hair	les poils *mpl* du visage
fair	blond
fine	fin
grey hair	les cheveux *mpl* gris
to grow a beard	se laisser pousser la barbe
haircut	la coupe (de cheveux)
hairdo	la coiffure
moustache	la moustache
plait	la tresse
ponytail	la queue de cheval
red-haired	roux (rousse)
rough	rêche, rugueux(-euse)
scalp	le cuir chevelu
to shave	se raser
sideburns	les pattes *fpl*
silky	soyeux(-euse)

smooth – lisse

HEAD   LA TÊTE
ear **l'oreille** *f*
eardrum – le tympan
earlobe – le lobe de l'oreille
eye(s) **l'oeil** *m* (**les yeux**)
baggy-eyed – qui a des yeux avec des poches
cornea – la cornée
cross-eyed – qui louche
eyebrow – le sourcil
eyelash – le cil
eyelid – la paupière
eyesight – la vue
iris – l'iris *m*
long-sighted – presbyte
one-eyed – borgne
pupil – la pupille
retina – la rétine
short-sighted – myope
squint – le strabisme
tear – la larme
weeping les larmes *fpl*
weeping adj qui pleure
wide-eyed – aux yeux écarquillés
face – **la figure**
beauty spot – le grain de beauté
complexion – le teint
dimple – la fossette

expression	l'expression *f*
freckle	la tache de rousseur
freckled	couvert de taches de rousseur
to frown	froncer les sourcils,
	se renfrogner
pore	le pore
wart	la verrue
wrinkle	la ride
features	**les traits** *mpl*
cheek	la joue
chin	le menton
forehead	le front
neck	le cou
skull	le crâne
throat	la gorge
mouth	**la bouche**
to bite	mordre
eyetooth	la canine supérieure
gum	la gencive
jaw	la mâchoire
to lick	lécher
lip	la lèvre
palate	le palais
to purse the lips	pincer les lèvres
smile	le sourire
to smile	sourire
taste bud	la papille
tongue	la langue
tooth	la dent

nose	**le nez**
aquiline	aquilin
bridge (of nose) –	l'arête *f* du nez
hooked –	recourbé
nostril –	la narine
snub –	retroussé

LIMBS	LES MEMBRES *mpl*
arm	**le bras**
elbow	le coude
finger	le doigt
fingernail –	l'ongle *m*
fist –	le poing
forearm –	l'avant-bras *m*
hand	la main
handful –	la poignée
handshake –	la poignée de main
index finger –	l'index *m*
knuckle –	l'articulation *f* du doigt
palm –	la paume
thumb –	le pouce
wrist –	le poignet
leg	**la jambe**
ankle –	la cheville
bow-legged –	avoir les jambes *fpl* arquées
calf –	le mollet
foot	le pied
hamstring –	le tendon du jarret
heel –	le talon

instep	le cou-de-pied
knee	le genou
kneecap	la rotule
to kneel	s'agenouiller
knock-kneed	avoir les genoux *mpl* cagneux
lame	boiteux(-euse)
to limp	boiter
to run	courir
sole	la plante
thigh	la cuisse
toe	l'orteil *m*
toenail	l'ongle *m* de l'orteil
to walk	marcher
TORSO	LE TORSE
artery	l'artère *f*
back	le dos, les reins *mpl*
bladder	la vessie
blood	le sang
bone	l'os *m*
brain	le cerveau
breast	le sein
to breathe	respirer
buttock	la fesse
capillary	le vaisseau capillaire
cartilage	le cartilage
chest	la poitrine
to excrete	excréter
gland	la glande

groin — l'aine *f*
heart   le coeur
heartbeat — le battement de coeur
hip — la hanche
joint — l'articulation *f*
kidney   le rein
larynx — le larynx
ligament — le ligament
liver — le foie
lung — le poumon
muscle — le muscle
ovary — l'ovaire *m*
penis — le pénis, la verge
pulse — le pouls
rib — la côte
scar — la cicatrice
scrotum — le scrotum
shoulder   l'épaule *f*
side — le flanc
skeleton — le squelette
skin   la peau
spine — la colonne vertébrale
spleen — la rate
tendon   le tendon
testicle — le testicule
urethra — l'urètre *m*
to urinate — uriner
vagina   le vagin
vein — la veine

waist – la taille
windpipe – la trachée-artère
womb – l'utérus *(m)*

SENSES   LES SENS *mpl*
consciousness – **la conscience; la connaissance**
alert adj – alerte, vigilant
asleep – endormi
to be awake – être éveillé
to be hypnotised   être hypnotisé,
                      être sous hypnose
to be sleepy – avoir sommeil
breath – le souffle
to breathe – respirer
breathing – la respiration
conscious – conscient
to doze – somnoler
dream – le rêve
to dream – rêver
drowsy – somnolent
to fall asleep – s'endormir
to lie down – s'allonger, s'accoucher
nightmare – le cauchemar
to raise   lever
repose   le repos
to rest   se reposer
reverie   la rêverie
sleep – le sommeil
to sleep   dormir

to stand	être debout
to stand up	se lever
trance	la transe
unconscious	inconscient
to wake up	se réveiller
hearing	**l'ouïe**
acute	pénétrant
audible	audible
clamour	la clameur
deaf	sourd
deaf-mute	sourd-muet(-ette)
deafness	la surdité
dull	étouffé
emphasis	l'accent *m*
harmony	l'harmonie *f*
to hear	entendre
inaudible	inaudible
intonation	l'intonation *f*
listener	l'auditeur, l'auditrice
to listen to	écouter
loud (cry, noise)	grand
loud (music, voice)	fort
music	la musique
musical	musical
muted	en sourdine
noise	le bruit
pitch	le ton, l'hauteur *f*
quiet	doux (douce)
sound	le son

tone	le ton
sight	**la vue**
to blind	aveugler
blind	aveugle
blinding	aveuglant, éblouissant
blindness	la cécité
blind spot	le point aveugle
blurred	flou
bright	brillant
clear	clair
flickering	vacillant
focus	le foyer
glance	le coup d'oeil
to glance at	jeter un coup d'oeil (sur)
invisible	invisible
light	la lumière
look	le regard
to look at	regarder
to notice	remarquer
to observe	observer
opaque	opaque
to see	voir
seeing	la vue, la vision
sharp	perçant
transparent	transparent
visible	visible
vivid	vif (vive)
(sense of) **smell**	**l'odorat** m
appetising	appétissant

aroma	l'arôme m
aromatherapy	l'aromathérapie f
fragrance	le parfum
odour, smell	l'odeur f
perfume, scent	le parfum
to smell (of)	sentir
stench, stink	la puanteur
sweat	la sueur
to sweat	transpirer
speech	**la parole**
to be quiet	se taire
to be silent	garder le silence
to deafen	assourdir
deafening	assourdissant
laugh	le rire
to laugh	rire
laughing adj	riant
murmur	le murmure
to murmur	murmurer
mute	muet(-te)
muted	assourdi
perfect pitch	l'oreille absolue f
raucous	rauque
to say	dire
saying	le proverbe
to shout	crier
to sing	chanter
to speak, to talk	parler
voice	la voix

whisper	le chuchotement
to whisper	chuchoter
(sense of) **taste**	**le goût**
bitter	amer(-ère)
delicious	délicieux(-euse)
dry	sec (sèche)
flavour	la saveur
rancid	rance
salty	salé
to savour	savourer, déguster
savoury	salé, non sucré
sweet	doux (douce)
to taste	goûter
to taste of	avoir le goût de
tasting	la dégustation
tasty	savoureux(-euse)
(sense of) **touch**	**le toucher**
abrasive	abrasif(-ive)
to beat	battre
biting	mordant
burning	la brûlure
to cling	se cramponner
cold	froid
damp	humide
to feel	sentir, tâter
freezing	gelé
to grasp	saisir
to grip	serrer
to handle	manier

hot	chaud
to massage	masser
moist	moite
to pummel	pétrir
rough	rêche
sensuous	sensuel(-le)
slippery	glissant
smooth	lisse
stinging	cuisant
to stroke	caresser
tactile	tactile
to touch	toucher
warm	(assez) chaud
wet	mouillé

THE LAW   LA LOI

to accuse	accuser
accused	l'accusé, l'accusée
Act of Parliament	la loi du Parlement
to advocate	préconiser
affidavit	la déclaration écrite sous serment
appeal	l'appel *m*
to appeal	faire appel
appointment	la nomination
bail	la caution
to bail	mettre en liberté sous caution

bailiff	l'huissier *m*
barrister, lawyer	l'avocat *m* (plaidant)
to bear witness	attester
case law	la jurisprudence
clerk	le greffier
court	le tribunal
Court of Human Rights (European)	la Cour (européenne) des droits de l'homme
defence	la défense
to defend	défendre
defendant	l'accusé *m & f*, le défendeur, la défenderesse
deposition	la déposition sous serment
EC Directive	la directive de la CE
evidence	la preuve
examining magistrate	le juge d'instruction
indictment	l'acte *m* d'accusation
judge	le juge
to judge	juger
judgement	le jugement
judicial review	le réexamen d'une décision de justice
jury	le jury, les jurés *mpl*
just	juste, équitable
justice	la justice
legal	légal
magistrates' (lower) court	le tribunal d'instance

natural justice	les principes *mpl* élémentaires du droit
oath	le serment
to plead	plaider
precedent	le précédent
to remand	mettre en détention préventive
on remand	en détention préventive
self-defence	l'autodéfense *f*
solicitor (notary)	l'avoué *m*, le notaire
statement	la déclaration
summons	l'assignation *f*, la citation
to summons	faire assigner
to swear	jurer
transcript	la transcription
trial (criminal)	le procès
tribunal	le tribunal
unjust	injuste
witness	le témoin
to bequeath	**léguer**
beneficiary	le (la) bénéficiare
heir	l'héritier
heiress	l'héritière
keepsake	le souvenir
to inherit	hériter
inheritance	l'héritage *m*
intestate adj	intestat
in trust	en dépôt
to make a will	faire un testament

will	le testament
capital	**la peine capitale**,
punishment	**la peine de mort**
electric chair	la chaise électrique
executioner	le bourreau
firing squad	le peloton d'exécution
gallows	la potence
pardon	la grâce
civil law	**le code civil**
arbitration	l'arbitrage *m*
bigamist	le (la) bigame
bigamy	la bigamie
to embezzle	détourner
embezzlement	le détournement (de fonds)
false imprisonment	la détention arbitraire
fault	la faute, la supercherie
fraud	la fraude
illegal	illégal
to infringe	contrevenir à
injury	le tort, la lésion
lawsuit	le procès
plaintiff	le plaignant, la plaignante,
	le demandeur, la demanderesse
to protect	protéger
to sue	poursuivre en justice
suicide	le suicide
testimony	le témoignage
criminal law	**le droit pénal**
to arrest	arrêter, appréhender

assault	l'agression *f*
bandit	le bandit
blackmail	le chantage
to blackmail	faire chanter
to commit	commettre
crime	le crime
handcuffs	les menottes *fpl*
to handcuff	passer les menottes à
to hold hostage	retenir en otage
kidnap	l'enlèvement *m*
to kidnap	enlever, kidnapper
to kill	tuer
murder,	le meurtre,
(premeditated)	(l'assassinat *m*)
to murder	assassiner
murderer	le meurtrier, l'assassin *m*
offence	le délit
rape	le viol
rapist	le violeur
to restrain	contenir
restraint	la contrainte
to steal	voler
theft	le vol
thief	le voleur
traitor	le traître
treason	la trahison
verdict	**le verdict**
to acquit	acquitter
acquittal	l'acquittement *m*

concurrently	simultanément
to condemn	condamner
consecutively	avec cumul de peines
conviction	la condamnation
fine	l'amende *f*
guilty	coupable
to imprison	emprisonner, écrouer
innocent	innocent
parole	la liberté conditionelle
prison	la prison
prisoner	le prisonnier, la prisonnière
prison officer	le (la) gardien(-ne) de prison
to prohibit	interdire
to rehabilitate	réinsérer
release	la libération
remission	la remise de peine
sentence	la condamnation, la sentence
to sentence	prononcer une condamnation, une sentence contre
to serve	purger
welfare	le bien-être

LEARNING   LE SAVOIR

adult education	l'enseignement *m* pour adultes
to bind (books)	relier (des livres)
blackboard	le tableau noir
boarder	l'interne *m & f*

bursary	la bourse d'études
campus	le campus,
	le complexe universitaire
chalk	la craie
class	la classe
college	le collège
course	le cours
cover (of book)	la couverture
day pupil	l'externe *m* & *f*
degree	le diplôme
desk	le pupitre
doctorate	le doctorat
to draw	dessiner
to educate	instruire, éduquer
educational (book)	éducatif(-ive)
(establishment)	d'enseignement
(experience)	instructif(-ive)
educationist	le (la) pédagogue
exercise book	le cahier
to fold	plier
grant	la bourse
to grant	accorder
higher education	l'enseignement *m* supérieur
ink	l'encre *f*
language laboratory	le laboratoire de langues
(university) lecture	(le cours), la conférence
(university)	(l'enseignant(e) *m* & *f* du
lecturer	supérieur), le conférencier,
	la conférencière

lesson	la leçon
line (eg ruled)	la ligne
marker pen	le marqueur (indélébile)
mixed education	l'enseignement *m* mixte
notebook	le carnet, le bloc-notes
nursery school	l'école *f* maternelle
overhead projector	le rétroprojecteur
page	la page
(fountain) pen	le stylo (à plume)
pencil	le crayon
playground	la cour de récréation
playschool	la halte-garderie
primary school	l'école *f* primaire
project	le dossier, le mémoire
projector	le projecteur
pupil	l'élève *m* & *f*
ruler	la règle
scholarship	la bourse d'études
scholarship holder	le boursier, la boursière
screen	l'écran *m*
secondary education	l'enseignement *m* secondaire, du second degré
seminar	le séminaire, la séance de travaux pratiques
set, *stream*	le groupe de niveau
sheet of paper	la feuille
single-sex education	l'enseignement *m* non mixte
student	l'étudiant, l'étudiante

student loan	le prêt étudiant, le prêt bancaire pour étudiants
to study	étudier, faire des études
to teach	enseigner
teacher (primary)	l'instituteur, l'institutrice
teacher (secondary)	le professeur
tertiary education	l'enseignement *m* supérieur
tutor	le directeur / la directrice d'études
university	l'université *f*
university life	le milieu / l'ambiance *f* universitaire
whiteboard	le tableau blanc
to write	écrire
current events	**l'actualité** *f*
accurate	exact, juste
to advertise	faire de la publicité pour
advertisement	la publicité
to announce	annoncer
announcement	l'annonce *f*
article	l'article *m*
to be well-informed	être bien informé
feature	la chronique
magazine	la revue, le magazine
news	les informations *fpl*
newspaper	le journal (*pl* -aux)
report	le reportage
rolling news	le service d'informations permanentes

history	l'histoire *f*
alliance	l'alliance *f*
ally	l'allié, l'alliée
to ally	s'allier (avec)
archaeologist	l'archéologue
archaeology	l'archéologie *f*
Bronze Age	l'âge *m* du bronze
carbon dating	la datation au carbone 14
chivalry	la chevalerie
civilisation	la civilisation
to civilise	civiliser
to colonise	coloniser
colony	la colonie
to conquer	conquérir, vaincre
conqueror	le conquérant
conquest	la conquête
contemporary	contemporain
Dark Ages	l'âge *m* des ténèbres
to decay fig	tomber en décadence
decline	le déclin
to decline	décliner
to (be) destined (for)	destiner (à)
destiny	le destin, la destinée
to diminish	diminuer, baisser
to discover	découvrir
discovery	la découverte
to disturb	déranger
document	le document
documentary	le (film) documentaire

to emancipate	émanciper
emancipation	l'émancipation *f*
empire	l'empire *m*
to enlarge	agrandir, étendre
event	l'événement *m*
to excavate	fouiller
to explore	explorer
explorer	l'explorateur(-trice) *m(f)*
to free	libérer
to happen	se produire
historian	l'historien, l'historienne
imperial	impérial
increase	l'augmentation *f*
to increase	augmenter
independence (from)	l'indépendance *f* (par rapport à)
Iron Age	l'âge *m* du fer
knight	le chevalier
liberator	le libérateur, la libératrice
Middle Ages	le moyen âge
missionary	le (la) missionaire
oral tradition	la tradition orale
piracy	la piraterie
pirate	le pirate
power	le pouvoir, la puissance
powerful	puissant
rebel	le (la) rebelle
rebellion	la révolte
Reformation	la Réforme

renowned	renommé
rising	le soulèvement, l'insurrection f
romance	le roman
slave	l'esclave m & f
slavery	l'esclavage m
source	la source
Stone Age	l'âge m de pierre
territory	le territoire
trade, (illegal)	le commerce, (le trafic)
treasure	le trésor
language	**la langue**
article	l'article m
chapter	le chapitre
colon	les deux points mpl
comical	comique
comma	la virgule
conversation	la conversation
to converse	converser
to correspond	correspondre
correspondence	la correspondance
to describe	décrire
description	la description
dictionary	le dictionnaire
elocution	l'élocution f
eloquence	l'éloquence f
eloquent	éloquent
example	l'exemple m
exclamation mark	le point d'exclamation
to express	exprimer

expressive	expressif(-ive)
extract	l'extrait *m*
to extract	extraire
fable	la fable, la légende
full stop	le point
grammar	la grammaire
idiom	l'idiome *m*
idiomatic	idiomatique
imagination	l'imagination *f*
to imagine	s'imaginer
to interpret	interpréter
interpretation	l'interprétation *f*
interpretative	interprétatif(-ive)
interpreter	l'interprète *m & f*
letter	la lettre
line, (of poetry)	la ligne, (le vers)
literal	littéral (*pl* -aux)
literary	littéraire
literature	la littérature
to mean	signifier, vouloir dire
meaning	le sens
metaphor	la métaphore
to name	nommer
noun	le nom, le substantif
object	l'objet *m*
orator	l'orateur *m*
paraphrase	la paraphrase
to paraphrase	paraphraser
poetry	la poésie

to pronounce	prononcer
question mark	le point d'interrogation
quotation	la citation
to quote	citer
semi-colon	le point-virgule
sentence	la phrase
simile	la comparaison
speech (given)	le discours, l'allocution *f*
speech (faculty)	la parole
to spell	épeler
spelling	l'orthographe *f*
stanza	la strophe
subject	le sujet
talkative	bavard
tragedy	la tragédie
to translate	traduire
translation	la traduction
translator	le traducteur, la traductrice
to understand	comprendre
verse	les vers *mpl*, la poésie
vocabulary	le vocabulaire
voice	la voix
word	le mot
the learning curve	**la courbe de Wright**
absent-minded	distrait
to absorb	absorber
admiration	l'admiration *f*
to admire	admirer
to annotate	annoter

annotation	l'annotation *f*
answer	la réponse
to answer	répondre
to approve	approuver
to ask a question	poser une question
to ask for	demander
attention	l'attention *f*
attentive	attentif(-ive)
to attract	attirer
attractive	attrayant
to be able to, can	pouvoir
to be attentive (to)	être attentif (à)
to behave	se conduire bien, se tenir bien, être sage
blame	la responsabilité
to blame	rejeter la responsabilité sur
careless	négligent, étourdi
censure	le blâme
to comprehend	comprendre
comprehension	la compréhension
conduct	la conduite
to copy	copier
to correct	corriger
correction	la correction
to cram (for an examination)	bachoter
crammer (student)	le (la) bachoteur(-euse)
to deserve	mériter
to develop	développer

difficult	difficile
difficulty	la difficulté
to disapprove	désapprouver
disobedience	la désobéissance
disobedient	désobéissant
to disobey	désobéir à
ease	la facilité
easy	facile
effort	l'effort *m*
to endeavour	s'efforcer de
essay (university)	la rédaction (la dissertation)
essayist	l'essayiste *m & f*
examination	l'examen *m*
to examine	examiner
examiner	l'examinateur, l'examinatrice
to exclaim	s'exclamer
exercise	l'exercice *m*
to exercise	exercer
to explain	expliquer
explanation	l'explication *f*
to forget	oublier
forgetful	qui a très mauvaise mémoire
forgetfulness	l'étourderie *f*, le manque de mémoire
to graduate	obtenir sa licence/son diplôme
hard-working	travailleur(-euse)
to have to, must	devoir
holidays	les vacances *fpl*

homework	les devoirs *mpl* (à la maison)
idea	l'idée *f*
inattention	l'inattention *f*
inattentive	inattentif(-ive)
to indicate	indiquer
indication	l'indice *m*, le signe
to interest	intéresser
interesting	intéressant
to join (join in)	joindre (participer à)
laziness	la paresse
to learn	apprendre
lenience	l'indulgence *f*, la clémence
lenient	indulgent
to let off	ne pas punir, faire grâce à
mark	la note
to mark	corriger
to misbehave	se conduire mal
to note	noter
to note down	noter
obedience	l'obéissance *f*
obedient	obéissant
to obey	obéir
to pass an examination	être reçu à un examen
to point out something	signaler
practice	la pratique
to practise	s'exercer
praise	l'éloge *m*

to praise	faire l'éloge de, louer
prize	le prix
progress	le progrès
to make progress	faire des / être en progrès
proof	la preuve
to prove	prouver, démontrer
to punish	punir
punishment	la punition
QED	CQFD (ce qu'il fallait démontrer)
reference	la référence
to relate to	se rapporter à
remarkable	remarquable
to reward	récompenser
severity	la sévérité
to sit an examination	passer un examen, se présenter à un examen
strict	strict, sévère
studious	studieux(-euse)
to swot	bûcher, potasser
task	la tâche
thematic	thématique
theme	le thème
thesis	la thèse
thesis supervisor	le directeur de thèse
to think	penser
threat	la menace
to threaten	menacer
together	ensemble

to try (to)	essayer (de)
understanding	la compréhension
vacancy	le poste libre, l'embauche *f*
work	le travail
to work	travailler
mathematics	**les mathématiques** *fpl*
acute (angle)	(l'angle *m*) aigu
to add	additionner
addition	l'addition *f*
algebra	l'algèbre *f*
angle	l'angle *m*
arc	l'arc *m*
arithmetic	l'arithmétique *f*
binary	binaire
brackets	les parenthèses *fpl*
to calculate	calculer
calculation	le calcul
calculator	la calculatrice
centre	le centre
circle	le cercle
circumference	la circonférence
to complicate	compliquer
correct	exact
cosine	le cosinus
to count	compter
curved	courbe
decimal	la fraction décimale
decimal place	la décimale
to demonstrate	démontrer

diameter	le diamètre
differential (integral) calculus	le calcul différentiel (intégral)
to divide	diviser
division	la division
divisor	le diviseur
double	(le) double
dozen	la douzaine
equal	égal (pl -aux)
equality	l'égalité f
factor	le facteur
figure	le chiffre
fraction	la fraction
geometry	la géométrie
half	la moitié
horizon	l'horizon m
horizontal	horizontal (pl -aux)
incorrect	inexact
integer	le nombre entier
logarithm	le logarithme
mental arithmetic	le calcul mental / de tête
minus	moins
multiplication	la multiplication
to multiply	multiplier
number (quantity)	le numéro (le nombre)
obtuse (angle)	(l'angle m) obtus
parallel	parallèle
part	la partie
perpendicular	perpendiculaire

plus	plus
problem	le problème
to produce	produire
product	le produit
quarter	le quart
quotient	le quotient
radius	le rayon (de cercle)
remainder	le reste
result	le résultat
to result	résulter
right angle	l'angle *m* droit
simple	simple
sine	le sinus
to solve	résoudre
space	l'espace *m*
spacious	spacieux(-euse)
square	le carré
straight	droit
to subtract	soustraire
subtraction	la soustraction
tangent	la tangente
third	le tiers
triangle	le triangle
triple	triple
wrong	faux (fausse), inexact
zero	zéro
measurement	**la mesure**
acre	l'acre *f*
centimetre	le centimètre

to compare	comparer
comparison	la comparaison
to contain	contenir
contents	le contenu
decilitre	le décilitre
foot	le pied (anglais)
gramme	le gramme
half (eg *litre*)	demi- (eg un demi-litre)
heavy	lourd
hectare	l'hectare *m*
hectogramme	l'hectogramme *m*
inch	le pouce
kilo(gramme)	le kilo(gramme)
kilometre	le kilomètre
light	léger (légère)
litre	le litre
long	long(ue)
measure	la mesure
to measure	mesurer
metre	le mètre
metric system	le système métrique
mile	le mile
millimetre	le millimètre
short	court
ton	la tonne
to weigh	peser
weight	le poids
weights	les poids *mpl*
yard	le yard

physical geography	la géographie physique
atlas	l'atlas *m*
compass, (nautical)	la boussole, (le compas)
contours	les profils *mpl*
doldrums	la Zone des calmes
east	l'est *m*
Equator	l'équateur *m*
latitude	la latitude
longitude	la longitude
magnetic north	le nord magnétique
(road) map	la carte (routière)
meridian	le méridien
North Pole	le pôle Nord
north	le nord
northern hemisphere	l'hémisphère *m* nord / boréal
orienteering	l'exercice *m* d'orientation sur le terrain
projection (eg Mercator's)	la projection (*eg* de Mercator)
south	le sud
South Pole	le pôle Sud
southern hemisphere	l'hémisphère *m* sud / austral
temperate zone	la zone tempérée
tropics	les tropiques *mpl*
west	l'ouest *m*

see **NATURE** *p 157ff* for features

political geography	la géographie politique
to approach	approcher, s'approcher de
border, frontier	la frontière
citizen	le citoyen, la citoyenne
city	la ville, la grande ville
compatriot	le (la) compatriote
country	le pays
to determine	déterminer, délimiter
distance	la distance
distant	lointain, éloigné
emigrant	l'émigrant(e) *m(f)*
to emigrate	émigrer
ethnic	ethnique
expatriate	l'expatrié(e) *m(f)*
immigrant	l'immigré(e) *m(f)*
limit	la limite
nation	la nation
nationality	la nationalité
nationalism	le nationalisme
nationalist	nationaliste
near	proche
neighbour	le voisin, la voisine
parish, (civil)	la paroisse, (la commune)
parochial	paroissial
patriot	le (la) patriote
patriotic	patriotique
people	les gens, le peuple
to people	peupler

place	le lieu, l'endroit *m*
population	la population
populous	populeux(-euse)
province	la province
provincial	provincial, régional (*pl* -aux)
race (of people)	la race
region	la région
town	la ville
tribal	tribal (*pl* -aux)
tribe	la tribu
village	le village
villager	le villageois, la villageoise
visa	le visa
work permit	le permis de travail

SCIENCE	LA SCIENCE
conclusion	la conclusion
to demonstrate	démontrer
demonstration	la démonstration
engineer	l'ingénieur *m*
to engineer	construire
engineering	l'ingénierie *f*
experience	l'expérience *f*
(working) hypothesis	l'hypothèse *f* (de travail)
to hypothesise	émettre une hypothèse
hypothetical	hypothétique
(to be) ignorant of	ignorer, être ignorant de / en
inexperience	l'inexpérience *f*

irrational	irrationnel(-elle)
to know (person)	connâitre
to know (something)	savoir
knowledge	le savoir, la connaissance (*usually pl*)
method	la méthode
rational	rationnel(-elle)
sage	le sage
scientific	scientifique
scientist	le (la) scientifique
theoretical	théorique
theory	la théorie
wisdom	la sagesse
wise	sage, savant
biology	**la biologie**
animal testing	l'expérimentation *f* animale
biological	biologique
biologist	le (la) biologiste
classification	la classification
to classify	classifier, classer
to curate	être conservateur de
curator	le conservateur
to dissect	disséquer
identification	l'identification *f*
to identify	identifier
lens	la lentille
Linnaean system	le système linnéen
microscope	le microscope

pest (animal)	l'animal *m* nuisible
pest (insect)	l'insecte *m* nuisible
preservative	l'agent *m* de conservation
to preserve	conserver
quarantine	la quarantaine
to research	faire des recherches (sur)
researcher	le chercheur
specimen	le spécimen
systematist	le (la) systématicien(-enne)
taxonomist	le (la) taxinomiste
botany	**la botanique**
see **PLANTS** *pp 185*	
chemistry	**la chimie**
chemical	chimique
to compose	composer, constituer
compound	le composé
to decompose	décomposer
element	l'élément *m*
experiment	l'expérience *f*
hydrogen	l'hydrogène *m*
inorganic	inorganique
laboratory	le laboratoire
mixed; (~ *metal*)	mixte; (l'alliage *m*)
mixture	le mélange
organic	organique
oxygen	l'oxygène *m*
periodic table	la classification périodique des éléments
rare earth	la terre rare

physics	**la physique**
absolute zero	le zéro absolu
atom	l'atome *m*
to attract	attirer
cryogenics	la cryogénie
electric	électrique
electricity	l'électricité *f*
electron	l'électron *m*
fission	la fission
force	la force
fusion	la fusion
heavy metal	le métal lourd
heavy water	l'eau *f* lourde
immobile	immobile
to invent	inventer
invention	l'invention *f*
magnetism	le magnétisme
matter	la matière
mechanics	la mécanique
mobile	mobile
to move	bouger
movement	le mouvement
muon	le muon
nucleus	le noyau
optical	optique
optics	l'optique *f*
phenomenon	le phénomène
photon	le photon
physical	physique

positron	le positon
pressure	la pression
quantum, (adj)	le quantum, (quantique)
quark	le quark
to reflect	refléter
reflection	la réflexion
to refract	réfracter
refraction	la réfraction
to repel	repousser
strange	étrange

MONEY   L'ARGENT *m*

accounts	**la comptabilité**
to acknowledge receipt (of)	accuser réception (de)
advance payment	le paiement anticipé
audit	la vérification des comptes
to audit	vérifier les comptes
to balance (account)	arrêter
to balance (budget)	équilibrer
balance sheet	le bilan
bookkeeping	la comptabilité
cash on delivery	la livraison contre espèces
cost	le coût, les frais *mpl*
to cost	coûter
credit	le crédit
date	la date

to date	dater
debit	le débit
to deduct	déduire, retrancher
discount	la remise, le rabais
due	dû (due)
expenditure	les dépenses *fpl*, la sortie
to fall due	venir à échéance
free of charge	gratuitement, gratis
general income	les revenus *mpl*
gross	brut
in advance	à l'avance
to advance (money)	avancer
to inform	informer
invoice	la facture
loan	l'emprunt *m*
loss	la perte
net	net (nette)
to pay	payer
payable on sight	payable à vue
payable to	à l'ordre de
payment	le paiement
price	le prix
price list	le tarif
profit	le bénéfice
quantity	la quantité
to receive	recevoir
retail	au détail
salary, wages	le salaire, le traitement
signature	la signature

to sign	signer
to spend	dépenser
trial balance	la balance d'inventaire
warning	l'avertissement *m*, l'avis *m*
wholesale, (adj)	en gros, (de gros)
auction	**la vente aux enchères**
to acquire	acquérir
to auction	vendre aux enchères
auctioneer	le commissaire-priseur
to bid	faire une enchère pour
bidder	l'enchérisseur(-euse) *m(f)*
to buy, to purchase	acheter
buyer	l'acheteur *m*, l'acheteuse *f*
buyer's fee	les honoraires *mpl*
	(d'acheteur)
catalogue	le catalogue
client	le client, la cliente
clientèle	la clientèle
identification	l'identification *f*
lot	le lot
to possess	posséder
purchase	l'achat *m*
reserve price	le prix minimum
sale	la vente
to sell	vendre
seller	le vendeur, la vendeuse
seller's fee	les honoraires *mpl* (de vendeur)
telephone bid	l'enchère *f* faite par téléphone

see also **CULTURE**, ARTS, *antique* p43

investment	l'investissement *m*, le placement
bearish	baissier(-ière)
blue chips	les placements *mpl* de tout repos
blue-chip securities	les valeurs *fpl* de premier ordre
bond	le bon, le titre
bonus	le dividende exceptionnel
bullish	haussier(-ière)
capital	le capital, les fonds *mpl*
endowment	la dotation
equities	les actions *fpl* cotées en Bourse
financial advisor	le conseiller financier
gilts	les fonds *mpl* d'État
insurance	l'assurance *f*
to invest	investir
investment trust	la société d'investissements
life insurance	l'assurance-vie *f*
share	l'action *f*
shareholder	l'actionnaire *m & f*
stockbroker	l'agent *m* de change
stock exchange	la Bourse
term insurance	l'assurance-vie *f* temporaire
unit trust	le fonds commun de placement
windfall profits	les bénéfices *mpl* exceptionnels
with-profits	avec participation aux bénéfices

personal finance	**les opérations** *fpl* **bancaires pour l'individu**
bank	la banque
bank account	le compte en banque
bank book	le livret de banque
bank card	la carte d'identité bancaire
banker	le banquier
banking	les opérations *fpl* bancaires
banknote	le billet de banque
bankruptcy	la faillite
to go bankrupt	faire faillite
bargain	l'occasion *f*, l'affaire *f*
to bargain, haggle	marchander
to be in debt	être endetté
to be worth	valoir
to borrow	emprunter
for cash	comptant
to cash a cheque	encaisser / toucher un chèque
cashier	le caissier, la caissière
cheap	bon marché
coin	la pièce (de monnaie)
creditor	le créancier
current account	le compte courant
debt	la dette
debtor	le débiteur, la débitrice
deposit	le dépôt
to deposit	déposer sur
deposit account	le compte sur livret
draft	la traite

to evaluate, assess	évaluer
exchange	le change
to exchange	changer
exchange rate	le taux de change, le cours
expensive	cher (chère)
(to be) generous	(être) généreux(-euse) (de son
(with his/her money)	argent)
to get into debt	faire des dettes
income	le revenu
income tax	l'impôt *m* sur le revenu
(to pay) by	(payer) en plusieurs
instalments	versements
interest	les intérêts *mpl*
to lease	louer à bail
to lend	prêter (à)
(to be) mean	(être) avare (de son argent)
to obtain	obtenir
on credit	à crédit
to owe	devoir (à)
to prepare	préparer
rate	le taux
receiver	l'administrateur *m* judiciaire
to save (money)	mettre de côté
savings bank	la caisse d'épargne
savings book	le livret de caisse d'épargne
second-hand	d'occasion
to squander	gaspiller
value, worth	la valeur
to value (cherish)	apprécier, faire grand cas de

poverty	**la pauvreté**
to beg	mendier
beggar	le (la) mendiant(e)
destitute	indigent
disadvantaged	défavorisé
to eke out	faire durer, vivoter
to endure	supporter, souffrir
eviction	l'expulsion *f*
homeless	sans abri
hostel	le foyer (pour les sans-abri)
to lack	manquer de
malnourished	sous-alimenté
miserable	misérable, miteux(-euse)
misery	la misère
necessity	le dénuement
to need	avoir besoin de
penniless	sans le sou, sans ressources
penny	le penny
poor	pauvre
squatter	le squatter
to suffer	souffrir
victim	la victime
wealth	**la richesse**
arbitrage	l'arbitrage *m*
arbitrageur	l'arbitragiste *m*
to be fortunate	avoir de la chance
bullion	l'argent *m* en lingots
dollar	le dollar
economics	l'économie *f* politique

economist	l'économiste *m & f*
to enjoy	jouir de
enterprise	l'esprit *m* entreprenant
entrepreneur	l'entrepreneur *m*
euro	l'euro *m*
financier	le financier
foreign currencies	les devises *fpl* étrangères
fortune	la fortune
franc	le franc
fund management	la gestion de fonds de portefeuille
to get rich	s'enrichir
inflation	l'inflation *f*
ingot	le lingot
leveraged buyout	le rachat d'entreprise financé par l'endettement
(Deutsche)mark	le mark
mint	la Monnaie
to mint	battre
money market	le marché monétaire
pound sterling	la livre sterling
property	la propriété
rental income	le revenu en loyers
rentier	le rentier, la rentière
rich, wealthy	riche
schilling	le schilling
speculation	la spéculation
speculator	le spéculateur, la spéculatrice

ASTRONOMY	L'ASTRONOMIE *f*
asteroid	l'astéroïde *m*
astrology	l'astrologie *f*
astronomer	l'astronome *m* & *f*
aurora borealis	l'aurore *f* boréale
Big Bang theory	la théorie du big-bang
brilliance	l'éclat *m*
comet	la comète
constellation	la constellation
to create	créer
creation	la création
dawn	l'aube *f*
to dawn	se lever, poindre
dusk	le crépuscule
eclipse	l'éclipse *f* (de soleil / de lune)
the evening star	la Vénus, l'étoile *f* du berger
galaxy	la galaxie
the Great Bear	la Grande Ourse
to grow dark	commencer à faire sombre
light year	l'année-lumière *f*
meteor	le météore
the Milky Way	la voie lactée
observatory	l'observatoire *m*
Orion	l'Orion *m*
the Plough	le Grand Chariot
radiant	radiant
to radiate (heat)	rayonner
to radiate (light)	irradier
ray	le rayon

to rise (sun)	se lever
to set (sun)	se coucher
to shine	briller
shining	brillant
shooting star	l'étoile *f* filante
sky	le ciel
star	l'étoile *f*
starry	étoilé
sunrise	le lever du soleil
sunset	le coucher du soleil
supernatural	surnaturel(-elle)
telescope	le télescope
to twinkle	scintiller
UFO	l'OVNI *m* (objet volant non identifié)
world	le monde
the planets	**les planètes** *fpl*
Earth	la Terre
gravity	la pesanteur
Jupiter	Jupiter
Mars	Mars
Mercury	Mercure
Moon	la Lune
Neptune	Neptune
orbit	l'orbite *f*
to orbit	décrire une orbite autour de
Pluto	Pluton
satellite	le satellite
Saturn	Saturne

Sun	le soleil
sunspot	la tache solaire
Uranus	Uranus
Venus	Vénus
weightless	en état d'apesanteur

COAST	LA CÔTE
bay	la baie
beach	la plage
cape	le cap
causeway	la chaussée
cliff	la falaise
coastal	côtier(-ère)
current	le courant
deep	profond
depth	la profondeur
ebb tide	la marée descendante
flood tide	la marée montante
foam	l'écume *f*
gulf	le golfe
high tide	la marée haute
island	l'île *f*
isthmus	l'isthme *m*
low tide	la marée basse
promontory	le promontoire
rock pool	la flaque (laissée par la marée)
sand	le sable
sea	la mer
sea spray	les embruns *mpl*

sea weed	l'algue *f*, les algues *fpl* de mer
shore	le rivage, le bord (de la mer)
stony	pierreux, pierreuse
straits	le détroit
strand	la grève
surf	le ressac
tides	les marées
wave	la vague

COUNTRYSIDE	LA CAMPAGNE
alluvial	alluvial
col	le col
crag	le rocher escarpé
desert	le désert
deserted	désert
dune	la dune
earthquake	le tremblement de terre
eruption	l'éruption *f*
estuary	l'estuaire *m*
fertile	fertile
flat	plat (plate)
fumarole	la fumerolle
hill	la colline
hot spring	la source thermale
knoll	le mamelon
lake	le lac
land	la terre
level adj	niveau(-x)
marsh	le marais

marshy	marécageux(-euse)
mountain	la montagne
mountainous	montagneux(-euse)
natural	naturel(-elle)
peak	le pic
plain	la plaine
pond	l'étang *m*
quicksand	les sables mouvants
range of mountains	la chaîne de montagnes
river	la rivière, le fleuve
rock	la roche
slope	la pente
spa	la source minérale
spring	la source
steep	escarpé
stream	le ruisseau
summit	le sommet
swamp	le marécage
tor	le massif de roche
tundra	la toundra
undulating	ondulé, vallonné
valley	la vallée
volcano	le volcan
waterfall	la cascade

THE ENVIRONMENT	L'ENVIRONNEMENT *m*
concerns	**les affaires** *fpl*, **les soucis** *mpl*
to consume	consommer, dissiper
consumerism	le consumérisme

consumerist	le (la) consumériste, le défenséur des consommateurs
distribution (of resources)	la répartition
transportation	le transport
environmental	**de l'environnement**
bicycle	le vélo, la bicyclette
conservation	la défense de l'environnement
to conserve	conserver
eco-friendly	respectueux(-euse) de l'environnement
ecologist	l'écologiste *m & f*
ecology	l'écologie *f*
ecosystem	l'écosystème *m*
eco-warrior	l'écologiste *m & f* fanatisé(e)
environmentalism	la science de l'environnement
environmentalist	l'environnementaliste *m & f*
habitat	l'habitat *m*
vegan	végétalien(-ne)
vegetarian	végétarien(-ne)
wildlife	la faune et la flore
fossil fuels	**les combustibles** *mpl* **fossiles**
anthracite	l'anthracite *m*
coal	le charbon
gas	le gaz
oil	le pétrole
rig	le derrick

sedimentary	sédimentaire
shale	le schiste argileux
slag heap	le crassier
spoil (waste)	le butin
industrial waste	**les déchets** *mpl* **industriels**
asbestos	l'amiante *f*
biodegradable	biodégradable
build-up	l'accumulation *f*
chemical run-off	les infiltrations *fpl* chimiques
heavy metals	les métaux *mpl* lourds
industrialised	industrialisé
landfill site	le centre d'enfouissement des déchets
to recycle	recycler, retraiter
recycling	le recyclage
rubbish	les détritus *mpl*
rubbish tip	la décharge publique
sewage	les eaux *fpl* usées, d'égout
toxic waste	les déchets *mpl* toxiques
waste	les déchets *mpl*
to waste	gaspiller
water table	la nappe phréatique
light pollution	**la pollution lumineuse**
floodlight	le projecteur
street light	le réverbère
street lighting	l'éclairage *m* publique
noise	**le bruit**
decibel	le décibel

noise pollution	la pollution sonore
to soundproof	insonoriser
nuclear energy	**l'énergie _f_ nucléaire**
cheap	bon marché
critical mass	la masse critique
disaster	le désastre
fallout	les retombées _fpl_ radioactives
fission	la fission
fusion	la fusion
half-life	la demi-vie
leak	la fuite
plutonium	le plutonium
radiation	la radiation
radioactive	radioactif(-ive)
reactor	le réacteur
secure transportation	le transport en sûreté
uranium	l'uranium _m_
pollution	**la pollution**
acid rain	les pluies _fpl_ acides
atmosphere	l'atmosphère _f_
carbon dioxide	le dioxide de carbone
to deforest	déboiser
deforestation	le déboisement
emission	l'émission _f_
greenhouse effect	l'effet _m_ de serre
harmful	nuisible
hole	le trou
oil slick (at sea)	la nappe de pétrole

oil spill	le déversement accidentel de pétrole
ozone layer	la couche d'ozone
particulates	les macroparticules *fpl*
to poison	empoisonner
poisonous	toxique
to pollute	polluer
pollutant	le polluant
rainforest	la forêt tropicale
smog	le smog
to spill	renverser
toxic	toxique
unleaded petrol	l'essence *f* sans plomb
renewable	**renouvelable**
hydroelectricity	l'hydro-électricité *f*
resource	la ressource
solar panel	le panneau solaire
wave energy	l'énergie *f* des vagues
wind energy	l'énergie *f* éolienne
windmill	le moulin à vent
underdeveloped	sous-développé

MINERALS	LES MINÉRAUX *mpl*
metal(s)	**le métal (les métaux)**
acid	l'acide *m*
acidity	l'acidité *f*
alkali	l'alcali *m*
alkaline	alcalin
alloy	l'alliage *m*

to make an alloy	allier
aluminium	l'aluminium *m*
to anneal	recuire
bar	le barre
base metal	le métal vil
brass	le laiton
bronze	le bronze
to cast	couler
chrome	le chrome
copper	le cuivre
element	l'élément *m*
to exploit	exploiter
to extract	extraire
forge	la forge
to forge	forger
industry	l'industrie *f*
ingot	le lingot
iron	le fer
iron adj	de fer
iron pyrites ('fool's gold')	la pyrite de fer
lead	le plomb
to smelt	fondre
mine	la mine
miner	le mineur
mining (industry)	l'exploitation *f* minière
mould	le moule
to mould	mouler
nickel	le nickel

ore	le minéral
plutonium	le plutonium
radium	le radium
rust	la rouille
rusty	rouillé
to solder	souder
steel	l'acier *m*
sulphur	le soufre
to temper	tremper
tin	l'étain *m*
weld	la soudure
zinc	le zinc

STONE	LA PIERRE
basalt	le basalte
to carve	tailler
chalk	la craie
clay	l'argile *f*
conglomerate	le conglomérat
granite	le granit
igneous, (rock)	igne, (l'ignée *f*)
lime	la chaux
limestone	le calcaire
marble	le marbre
obsidian	l'obsidienne *f*
to polish	polir
polished	poli
pumice, (stone)	la ponce, (la pierre ponce)
quarry	la carrière

quicklime	la chaux vive
sandstone	le grès
to sculpt	sculpter
sculpture	la sculpture
smooth	lisse
rock	la roche
precious	**précieux, précieuse**
carat	le carat
claw (setting)	la monture
diamond	le diamant
emerald	l'émeraude *f*
enamel	l'émail *m*
engraved	gravé
facet	la facette
flaw	le défaut, le crapaud
flawless	parfait
gold	l'or *m*
jewel	la pierre précieuse
jewellery	les bijoux *mpl*
pearl	la perle
platinum	le platine
to refine	raffiner
ruby	le rubis
sapphire	le saphir
silver-gilt	plaqué argent
stony	caillouteux(-euse)
semi-precious	**semi-précieux(-euse)**
agate	l'agate *f*
amber	l'ambre *m*

amythyst	l'améthyste *f*
aquamarine	l'aigue-marine *f*
bead	la perle
beryl	le béryl
bloodstone	le jaspe sanguin
cameo	la camée
chalcedony	la calcédoine
citrine	la citrine
garnet	le grenat
hallmark	le poinçon (de contrôle)
intaglio	l'intaille *f*
jade	le jade, la néphrite
jasper	le jaspe
jet	le jais
lapis-lazuli	le lapis-lazuli
mother-of-pearl	le nacre
moonstone	le feldspath nacré, l'adulaire *f*
onyx	l'onyx *m*
opal	l'opale *f*
opaque	opaque
paste (imitation diamond)	le strass
peridot	le péridot
quartz	le quartz
silver	l'argent *m*
tiger's eye	l'oeil-de-chat *m*
tourmaline	la tourmaline
translucent	translucide
transparent	transparent, limpide

turquoise	la turquoise
WEATHER	LE TEMPS
air	l'air *m*
barometer	le baromètre
breeze	la brise
climate	le climat
cloud	le nuage
cloudy, *overcast*	couvert, nuageux(-euse)
to cloud over	se couvrir, s'obscurcir
to clear up	s'éclaircir, se mettre au beau
cool, fresh	frais (fraîche)
damp	humide
dampness	l'humidité *f*
degree	le degré
draught	le courant d'air
to drench	tremper
drought	la sécheresse
drop	la goutte
dry	sec (sèche)
to dry	sécher
fine, fair	le beau temps
flash (of lightning)	un éclair
flood	l'inondation *f*
to flood	inonder
fog	le brouillard
foggy, misty	brumeux(-euse)
forked lightning	les éclairs *mpl* en zigzags
to freeze	geler

frost (hoarfrost)	la gelée (blanche)
frozen	gelé
glacier	le glacier
to hail	grêler
hailstone	le grêlon
to harm, damage	endommager
harmful	nocif(-ive)
heatstroke	le coup de chaleur, l'insolation *f*
heatwave	la vague de chaleur
hurricane	l'ouragan *m*
ice, (on road)	la glace, (le verglas)
iceberg	l'iceberg *m*
ice cap	la calotte glaciaire
ice floe	la banquise (flottante)
icicle	le glaçon
lightning	la foudre
lightning conductor	le paratonnerre
mist	la brume
rain	la pluie
to rain	pleuvoir
rainbow	l'arc-en-ciel *m*
rainy	pluvieux(-euse)
sheet lightning	les éclairs *mpl* en nappe
shower	l'averse *f*
snow	la neige
to snow	neiger
snowdrift	la congère

snowfall	la chute de neige
snowflake	le flocon de neige
snowstorm	la tempête de neige
to soak	(faire) tremper
storm	la tempête, l'orage *m*
stormy	orageux(-euse)
sultry	lourd
sunburn	le coup de soleil
tan	le bronzage
thaw	le dégel
to thaw	fondre
thermometer	le thermomètre
thunder	le tonnerre
to thunder	tonner
thunderbolt	le coup de foudre
wet	mouillé
to wet	mouiller
wind	le vent
windy	venteux(-euse)

PERSONALITY   LA PERSONNALITÉ *f*

character	**le caractère**
(to become)	(s'accoutumer à) accoutumé,
accustomed	habitué
addicted	adonné à
affection	l'affection *f*, la tendresse
affectionate	affectueux(-euse)

to affirm	affirmer
to be afraid, frightened	avoir peur
affront	l'offense *f*
anger	la colère
(to become) angry	se mettre en colère *f*
anxiety	l'inquiétude *f*
to astonish	étonner, surprendre
audacious, daring	audacieux(-euse)
audacity	l'audace *f*
to boast (about something)	se vanter de
boldness	l'hardiesse *f*
calm	le calme
calm adj	calme
characteristic	la caractéristique
charitable (to)	charitable (envers)
cheerful	gai
cheerfulness	la gaieté
to comfort	réconforter
to complain	se plaindre (de)
complaint	la plainte, la réclamation
consolation	la consolation
consoling	consolant
contempt	le mépris
contemptuous	méprisant, dédaigneux(-euse)
contented	satisfait
courtesy	la courtoisie
coward	le (la) lâche

cowardice	la lâcheté
cowardly	lâche
to dare	oser
defect	le défaut
demanding	exigeant
to deny	nier
depressed	déprimé
desire	le désir
to desire	désirer
despair	le désespoir
to despair	se désespérer
discontent	le mécontentement
discontented	mécontent
to discourage	décourager
dishonest	malhonnête
dishonour	le déshonneur
to dishonour	déshonorer
disloyal (to)	déloyal (envers)
disposition	le naturel, le caractère, le tempérament
doubt	le doute
doubtful	douteux(-euse)
egoist	l'égoïste *m* & *f*
to encourage	encourager
enemy	l'ennemi *m*, l'ennemie *f*
enjoyment, pleasure	le plaisir
envy	l'envie *f*, la jalousie
esteem	l'estime *f*

to esteem	estimer
expectation	l'attente *f*
extrovert	l'extraverti(e), l'extroverti(e)
faithful	fidèle
faithfulness	la fidélité
fault	la faute
favour	la faveur
favourable	favorable
fear	la crainte
fearless	intrépide
frank	franc (franche)
frankness	la franchise
friend	l'ami *m*, l'amie *f*
friendly	amical (*pl* -aux)
friendship	l'amitié *f*
to frighten	effrayer
frightful	épouvantable, effroyable
generosity	la générosité
generous	généreux(-euse)
good	bon (bonne)
goodness	la bonté
grateful	reconnaissant
gratitude	la reconnaissance, la gratitude
greed	l'avidité, la cupidité,
greed (for food)	la gourmandise
to grieve	s'afflicher
habit	l'habitude *f*
happiness	le bonheur

happy	heureux(-euse), content
to hate	haïr
hateful	haïssable
hatred	la haine
hedonistic	hédoniste
to hesitate	hésiter
honest	honnête
honesty	l'honnêteté *f*
honour	l'honneur *m*
to honour	honorer, faire honneur à
honourable	honorable
hope	l'espoir *m*
humble	humble
humility	l'humilité *f*
hypocrite	l'hypocrite *m & f*
hypocritical	hypocrite
impiety	l'impiété *f*
impolite	impoli
in a bad mood	de mauvaise humeur
in a good mood	de bonne humeur
incapable	incapable
ingratitude	l'ingratitude *f*
jealous	jaloux(-ouse)
kind	gentil(-ille)
loyal	loyal (*pl* -aux)
lust	le désir sexuel
mercy	la miséricorde
miser	l'avare *m & f*
modesty	la pudeur

mood	l'humeur *f*, la disposition
(to be) necessary	(être) nécessaire
obstinacy	l'obstination *f*
(to be) obstinate	(être) têtu, (être) obstiné
offence	le délit
to offend	offenser
optimist	l'optimiste *m & f*
optimistic	optimiste
pain	la douleur
painful	douloureux(-euse)
pessimist	le (la) pessimiste
pessimistic	pessimiste
piety	la piété
pity	la pitié
to please	plaire à
polite	poli
pride	l'orgueil *m*, la fierté
proud	orgueilleux(-euse), fier (fière)
punctuality	la ponctualité
quality	la qualité
to quarrel (over)	se quereller (à propos de)
reckless	imprudent
to rejoice	se réjouir
remorse	le remords
renown	la renommée
to repent	se repentir (de)
repentance	le repentir
restless	agité

revenge	la vengeance
to revenge	venger
rude	grossier(-ière), impoli
rudeness	la grossièreté, l'impolitesse *f*
sad	triste, désolé
sadness	la tristesse
security	la sécurité
selfish	égoïste
selfishness	l'égoïsme *m*
sensual	sensuel(-elle)
sensuality	la sensualité
sentiment	le sentiment
shame	la honte
shameful	honteux(-euse)
shy	timide
sigh	le soupir
to sigh	soupirer
sincere	sincère
sincerity	la sincérité
sober	pondéré
sobriety	la sobriété
stingy	mesquin
stubborn	têtu
talent	le talent
temperament	le tempérament
temperamental	capricieux(-euse)
to terrify	terrifier, effrayer
terror	la terreur

thanks, thank you	merci
to thank	remercier
timid	craintif(-ive)
timidity	la timidité
trait	le trait
unfaithful	infidèle
unfaithfulness	l'infidélité *f*
unfavourable	défavorable
unfortunate	malheureux(-euse)
unfriendly	peu amical (*pl* -aux)
ungrateful	ingrat
unhappy	malheureux(-euse)
unreasonable	déraisonnable
unsure	pas sûr (de)
unworthy	indigne
vain	vaniteux(-euse)
vice	le vice
vicious	vicieux(-euse)
villain	le scélérat, la canaille
vindictive	vindicatif(-ive)
virtue	la vertu
virtuous	vertueux(-euse)
whim	le caprice
whimsical	fantasque, capricieux(-euse)
wickedness	la méchanceté
worthy	digne
mind	**l'esprit** *m*
accuracy	l'exactitude *f*
agreement	l'accord *m*

to agree with	être d'accord avec
to be ashamed	avoir honte
astonishment	l'étonnement *m*
capability	la capacité
capable	capable (de)
cautious	prudent
certain	certain
certainty	la certitude
clever	habile, adroit
common sense	le bon sens
confidence	la confiance
conscience	la conscience
consent	le consentement
to consent	consentir (à)
to convince	convaincre
custom	la coutume, l'habitude *f*
to decide	décider de
to despise	mépriser
to discuss	discuter
to displease	déplaire à
excuse	l'excuse *f*, le prétexte
to excuse	excuser
to fail	échouer
to favour	favoriser
to fear	craindre
to grant	accorder
to hope	espérer
imaginative	imaginatif(-ive)
inaccuracy	l'inexactitude *f*

ingenious	ingénieux(-euse), inventif(-ive)
to insult	insulter
intelligence	l'intelligence *f*
intelligent	intelligent
introvert	l'introverti, l'introvertie
to lack	manquer de
liar	le menteur, la menteuse
lie	le mensonge
to lie	mentir
to meditate	méditer
mistake	l'erreur *f*
(to make) a mistake	(faire) une erreur
(to be) mistaken (about)	se tromper (de)
mistrustful (of)	méfiant (à l'égard de)
moderate	modéré
to occur, come to mind	venir à l'esprit
opinion	l'opinion *f*
to perceive	percevoir
perceptive	perspicace
to protest	protester
quarrel	la querelle
to realise	se rendre compte (de)
reason	la raison
to reason	raisonner
reasonable	raisonnable
recollection	le souvenir

to reconcile	concilier
to regret	regretter
to remember	se souvenir de
to risk	risquer
scruple	le scrupule
self-confidence	la confiance en soi
sensible	sensé, raisonnable
sensitive	sensible
sensitivity	la sensibilité
shrewd	astucieux(-euse)
stupid	stupide, bête
stupidity	la stupidité
sure	sûr
to suspect	soupçonner
suspicion	le soupçon
suspicious	soupçonneux(-euse)
to think of	penser à
thought	la pensée
true	vrai
to trust	faire confiance à
trustful	confiant
truth	la vérité
uncertain	incertain
undecided	indécis
to understand	comprendre
understanding	la compréhension
white lie	le pieux mensonge
will (determination)	la volonté

spirit	**l'esprit** *m*
abbess	l'abbesse *f*
abbey	l'abbaye *f*
abbot	l'abbé *m*
agnostic	l'agnostique *m & f*
agnosticism	l'agnosticisme *m*
altar	l'autel *m*
angel	l'ange *m*
animism	l'animisme *m*
apostle	l'apôtre *m*
archbishop	l'archevêque *m*
atheism	l'athéisme *m*
atheist	l'athée *m & f*
to baptise	baptiser
Baptism	le baptême
Baptist	le (la) baptiste
belief	la croyance
to believe	croire
believer	le (la) croyant(e)
Bible	la Bible
bishop	l'évêque *m*
to bless	bénir
blessed	béni
blessing	la bénédiction
Buddhism	le bouddhisme
Buddhist	le (la) bouddhiste
Calvinism	le calvinisme
Calvinist	le (la) calviniste
cardinal	le cardinal (*pl* -aux)

Catholic	le (la) catholique
Catholicism	le catholicisme
to celebrate	célébrer
chalice	le calice
chapel	la chapelle
charismatic	charismatique
Christian	le (la) chrétien(-ne)
Christianity	le christianisme
church	l'église *f*
clergy	le clergé
clergyman	l'ecclésiastique *m*
convent	le couvent de femmes
to convert	se convertir
cult	le culte
to curse	maudire
devil	le diable
devilish	diabolique
devout	dévot
divine	divin
evangelical	évangélique
faith	la foi, la religion
fervent	fervent
fundamental	fondamental (*pl* -aux)
fundamentalism	l'intégrisme *m*
fundamentalist	l'intégriste *m* & *f*
God	Dieu
god	le dieu
goddess	la déesse
heaven	le ciel

hell	l'enfer *m*
heresy	l'hérésie *f*
heretic	l'hérétique *m* & *f*
Hindu	l'Hindou *m*, l'Hindoue *f*
Hinduism	l'hindouisme *m*
holy	saint
Islam	l'Islam *m*
Jewish	juif (juive)
Jewry	les Juifs *mpl*
Judaism	le judaïsme
Koran	le Coran
mass	la messe
minister	le pasteur
monastery	le monastère
monk	le moine
Mormon	le (la) mormon(e)
Mormonism	le mormonisme
Muslim	le (la) musulman(e)
nun	la religieuse
omnipotent	tout-puissant
pagan	le païen, la païenne
paradise	le paradis
parish	la paroisse
pilgrim	le (la) pèlerin(e)
pilgrimage	le pèlerinage
pious	pieux(-euse)
Pope	le pape, le Saint-Père
to pray	prier
prayer	la prière

to preach	prêcher
preacher	le prédicateur
Presbyterian	le (la) presbytérien(-ne)
presbytery	le presbytère
priest	le prêtre, le curé
proselyte	le (la) prosélyte
to proselytise	*intrans* faire du prosélytisme, *trans* faire un prosélyte de
Protestant	le (la) protestant(e)
Protestantism	le protestantisme
purgatory	le purgatoire
Rastafarian	le (la) rastafari
religion	la religion
religious	religieux(-euse)
to repent	se repentir
repentant	repentant
sacred	sacré
safe (place)	en sûreté, à l'abri, (sans danger, sûr)
saint	le saint, la sainte
saviour	le messie
scientologist	le (la) scientologiste
scientology	la scientologie
sect	la secte
sermon	le sermon, l'homélie *f*
shaman	le chaman
(mortal) sin	le péché (mortel)
to sin	pécher
sinner	le pécheur, la pécheresse

solemn	solennel(-elle)
soul	l'âme *f*
voodoo	le vaudou
witch doctor	le sorcier
Zionism	le zionisme

for churches, see **CULTURE**, ARTS, *architecture p 44*

to arrange flowers	**disposer des fleurs**
epiphyte	l'épiphyte *m*
garland	la guirlande
moss	la mousse
creeper	**la plante grimpante**
to climb	grimper
creeping	rampant
honeysuckle	le chèvrefeuille
hop	le houblon
ivy	le lierre
mistletoe	le gui
tendril	la vrille
wisteria	la glycine
flower	**la fleur**
anemone	l'anémone *f*
annual	annuel(-le)
biennial	biennal (*pl* -aux)
blooming	en fleurs
bud	le bourgeon

to bud	bourgeonner
carnation	l'oeillet *m*
crocus	le crocus
daffodil	la jonquille
to flower	fleurir
flowerbed	la plate-bande, le parterre
hyacinth	la jacinthe
hybrid	l'hybride *m*, la métisse
lily	le lis
lily of the valley	le muguet
marigold (French)	le souci, (l'œillet *m* d'Inde)
mignonette	le réséda odorant
orchid	l'orchidée *f*
pansy	la pensée
perennial	(la plante) vivace
petal	le pétale
primrose	la primevère
scent	le parfum
snapdragon	la gueule-de-loup
snowdrop	le perce-neige
sunflower	le tournesol
tree mallow	la lavatère en arbre
tulip	la tulipe
to wither	se faner
withered	fané
garden	**le jardin**
to dig	bêcher, creuser
to enclose	clôturer
to fertilise	fertiliser, amender

foliage	le feuillage
fountain	la fontaine
gardener	le jardinier, la jardinière
grass	l'herbe *f*
hedge	la haie
hose	le tuyau
irrigation	l'irrigation *f*
landscape gardener	le jardinier paysagiste
lawn	la pelouse
leaf	la feuille
leafy	feuillu
to plant	planter
pollen	le pollen
to pollinate	polliniser
pollination	la pollinisation
privet	le troène
radical	le radical (*pl* -aux)
root	la racine
to root (pig, etc)	fouiller
(root) stock	la souche
rotovator	le motoculteur
sap	la sève
to spray	faire des pulvérisations sur
sprayer	le pulvérisateur
stalk, stem	la tige
stock (wallflower)	la giroflée
to take root	prendre racine
to thin	éclaircir
to transplant	transplanter

to uproot	déraciner
to water	arroser
watering can	l'arrosoir *m*
herb	**l'aromate** *m*, **l'herbe** *f*
angelica	l'angélique *f*
balm	la mélisse
balsam	la balsamine
basil	le basilic
bayleaf	la feuille de laurier
camomile	la camomille
chicory	la chicorée
chives	la ciboulette
coriander	la coriandre
dill	l'aneth *m* odorant
fennel (for seeds)	le fenouil
marjoram	la marjolaine
mint	la menthe
mustard	la moutarde
nutmeg	le mouscade
oregano	l'origan *m*
parsley	le persil
rosemary	le romarin
sage	la sauge
tarragon	l'estragon *m*
thyme	le thym
house plants	**les plantes domestiques** *fpl*
bonsai	le bonsai
cactus	le cactus
fern	la fougère

spider plant	le chlorophytum
spore	le spore
Venus flytrap	la dionée gobe-mouches
rock plants	**les plantes qui poussent sur la roche**
alpine	la plante alpine
rockery	le jardin de rocaille
shrubs	**les arbustes** *mpl*
azalea	l'azalée *f*
bay, laurel	le laurier
berry	la baie
bush	le buisson
fuchsia	le fuchsia
holly	le houx
magnolia	le magnolia
myrtle	le myrte
rhododendron	le rhododendron
shrubbery	la plantation d'arbustes
soft fruits	**les baies** *fpl* **comestibles**
blackcurrant	le cassis
(black)currant bush	le groseillier
bilberry / blueberry	la myrtille / l'airelle *f* noire
gooseberry	la groseille verte
gooseberry bush	le groseillier à maquereau
juicy	juteux(-euse)
kiwi	le kiwi
lychee	le litchi
raspberry	la framboise
raspberry cane	le framboisier

redcurrant	la groseille rouge
ripe	mûr
to ripen	mûrir
sloe (fruit)	la prunelle
sloe (bush)	le prunellier
strawberry	la fraise
strawberry plant	le fraisier
strawberry runner	la traînée de fraisier
stalks	**les tiges** *fpl*
rhubarb	la rhubarbe
vine	**la vigne**
currant	le raisin de Corinthe
to gather grapes	vendanger
grape	le raisin
grape harvest	les vendanges *fpl*
press	le pressoir
to press	presser
raisin	le raisin sec
vineyard	le vignoble, le clos de vigne
vintner	le vigneron
weed	**la mauvaise herbe**
bramble	la ronce
briar	l'églantier *m*
buttercup	le bouton d'or
clover	le trèfle
daisy	la marguerite
dandelion	le pissenlit
deadly nightshade	la belladone
gorse	l'ajonc *m*

hemlock	la ciguë
nettle	l'ortie *f*
thistle	le chardon
to weed	désherber
wild garden	**le jardin sauvage**
bluebell	la jacinthe des bois
broom	le genêt
cornflower	le bleuet
forget-me-not	le myosotis
foxglove	la digitale
heather	la bruyère
mallow	la mauve
poppy	le coquelicot
reed	le roseau (*pl* -eaux)
rush	le jonc
scrub	les broussailles *fpl*
undergrowth	le sous-bois
watercress	le cresson
wild, uncultivated	inculte

TREES	LES ARBRES *mpl*
bark	l'écorce *f*
branch	la branche
forest trees	les arbres forestiers
jungle	la jungle
knot	le noeud
palm tree	le palmier
tree ring	l'anneau *m* annuel, la couche annuelle

trunk	le tronc
twig	la brindille
wood	le bois
woody	boisé
coniferous	**conifère, de conifères**
cedar	le cèdre
cone	la pomme de pin
conifer	le conifère
coniferous forest	la forêt de conifères
evergreen	à feuilles persistantes
fir	le sapin
giant redwood	le séquoia géant
(sequoia)	
juniper	le genièvre
monkey puzzle	l'araucaria *m*
pine	le pin
deciduous	**à feuillage caduc, feuillu**
acacia	l'acacia *m*
acorn	le gland
alder	l'aulne *m*
ash	le frêne
aspen	le tremble
beech	le hêtre
birch	le bouleau
catkin	le chaton
deciduous forest	une forêt feuillue
elm	l'orme *m*
eucalyptus	l'eucalyptus *m*
holm oak	le chêne vert

lime	le tilleul
maple	l'érable *m*
oak	le chêne
poplar	le peuplier
to shed leaves	perdre ses feuilles, s'effeuiller
sycamore	le sycomore, le faux platane
thorn	l'épine *f*
(haw)thorn tree	l'aubépine *f*
thorny	épineux(-euse)
weeping willow	le saule pleureur
yew	l'if *m*
fruit trees	**les arbres *mpl* fruitiers**
almond	l'amande *f*
almond tree	l'amandier *m*
apple	la pomme
apple tree	le pommier
apricot	l'abricot *m*
apricot tree	l'abricotier *m*
banana	la banane
banana tree	le bananier
cherry	la cerise
cherry tree	le cerisier
coconut	la noix de coco
coconut palm	le cocotier
date	la datte
date palm	le dattier
fruit	le fruit
to graft	greffer

graft	la greffe
lemon	le citron
lemon tree	le citronnier
medlar	la nèfle
medlar tree	le néflier
olive	l'olive *f*
olive tree	l'olivier *m*
orange	l'orange *f*
orange tree	l'oranger *m*
peach	la pêche
peach tree	le pêcher
pear	la poire
pear tree	le poirier
plum	la prune
plum tree	le prunier
pomegranate	la grenade
pomegranate tree	le grenadier
prune	le pruneau
to prune	tailler
to shake	secouer
stone	le noyau
to stone	dénoyauter
nut trees	**les noisetiers** *mpl*
chestnut	la châtaigne
chestnut tree	le châtaignier
hazelnut	la noisette, l'aveline *f*
hazelnut plantation	la noiseraie
hazelnut tree	le noisetier

walnut	la noix
walnut tree	le noyer

TROPICAL	TROPICAL (*pl* -AUX)
bamboo	le bambou
cocoa tree	le cacaoyer
ebony	l'ébène *f*
mahogany	l'acajou *m*
pineapple	l'ananas *m*
rosewood	le palissandre
rubber tree	l'hévéa *m*
sugar cane	la canne à sucre

VEGETABLES	LES LÉGUMES *mpl*
asparagus	l'asperge *f*
beetroot	la betterave
broad beans	les fèves *fpl*
broccoli	le brocoli
Brussels sprouts	les choux de Bruxelles *mpl*
cabbage	le chou
cauliflower	le chou-fleur
chard	la chard
celery	le céleri
courgette	la courgette
fennel	le fenouil officinal
fungus	le mycète
garlic	l'ail *m*
green peas	les petits pois *mpl*
harmful	nocif(-ive)

husk	l'enveloppe *f*
kitchen garden	le jardin potager
kohlrabi	le chou-rave, le turnep
leek	le poireau (*pl* -eaux)
lettuce	la laitue
marrow	la courge
mushroom	le champignon
onion	l'oignon *m*
to peel	éplucher
pod	la cosse
to pod (peas)	écosser
potato	la pomme de terre
radish	le radis
runner beans	les haricots *mpl* à rames / à filets
to scrape	gratter
shallot	l'échalote *f*
spinach	les épinards *mpl*
sugar beet	la betterave sucrière
swede	le rutabaga
sweet potato	la patate douce
Swiss chard	la bette poirée
tuber	le tubercule
turnip	le navet
yam	l'igname *f*
fruits served as vegetables	**des fruits accommodés comme des légumes**
pepper (capsicum)	le poivron
tomato	la tomate

amateur	amateur
armband	le brassard
ball (small)	le ballon (la balle)
bet	le pari
to bet	parier
captain	le capitaine
champion	le champion, la championne
coach (trainer)	l'entraîneur(-euse)
to coach (train)	entraîner
coaching (of horse)	l'entraînement m (le manège)
competition	la compétition
contest	le concours
fan	le supporter
field (runners)	les partants mpl, (les chevaux
(horses running)	mpl courants)
field (in a cricket match)	l'équipe f du bôleur
(playing) field	le terrain
finishing line	la ligne d'arrivée
foul	la faute
game	le match, le jeu
grandstand	la tribune
lap	le tour de piste
to lap	prendre un tour d'avance sur
match	le match
odds	la cote
Olympics	les Jeux Olympiques mpl
physiotherapist	le (la) kinésithérapeute
professional adj	professionnel(-elle)

race	la course
racecourse	le champ de courses
to run	courir
sports medicine	la médecine sportive
stadium	le stade
trophy	le trophée
American football	**le football américain**
athletics	**l'athlétisme** *m*
athlete	l'athlète *m & f*
baton	le témoin
decathlete	le décathlonien
decathlon	le décathlon
discus	le disque
hammer	le marteau
high jump	le saut en hauteur
hurdle	la haie
to hurdle	faire de la course de haies
hurdler	le coureur de haies
javelin	le javelot
long-distance race	la course de fond
long-distance runner	le coureur de fond
long jump	le saut en longueur
marathon	le marathon
marathon runner	le coureur de marathon
medal	la médaille
to pass the baton	passer le témoin (à)
pentathlete	le pentathlonien

pentathlon	le pentathlon
personal best	le record personnel
pole vault	le saut à la perche
to put the shot	lancer le poids
record	le record
relay race	la course de relais
shotput	le lancement du poids
sprint	le sprint
to sprint	sprinter
sprinter	le sprinter, la sprinteuse
stamina	la résistance, l'endurance *f*
starting blocks	le starting-block, le bloc de départ
track	la piste
(programme) of training	(le programme) d'entraînement
triathlete	le (la) triathlète
triathlon	le triathlon
triple jump	le triple saut
bowls	**le jeu de boules**
bowling green	le terrain de boules, le boulodrome
tenpin bowling	le bowling (à dix quilles)
boxing	**la boxe**
bout	le combat
boxer	le boxeur
boxing gloves	les gants *mpl* de boxe
count	compter
featherweight	le poids plume

flyweight	le poids mouche
gumshield	le masque protecteur
heavyweight	le poids lourd
knockout	le knock-out
promoter	le promoteur, la promotrice
ring	le ring
round	le round
second	le soigneur
welterweight	le poids mi-moyen
bullfight	**le combat de taureaux,**
	la corrida
bull fighter	le torero
cushion (to sit on)	le coussin
matador	le matador
moment of truth	la minute de vérité
picador	le picador
(in) the shade	(à) l'ombre *f*
sun	le soleil
toreador	le toréador
climbing	**l'escalade** *f*
to abseil	descendre en rappel
base camp	le camp de base
to belay (a rope)	assurer (une corde)
to chimney up	monter (descendre) une
(down)	cheminée
crampons	les crampons *mpl*
fell walking	la randonnée en montagne
ice-axe	le piolet
mountaineer	l'alpiniste *m & f*

mountaineering	l'alpinisme *m*
orienteering	l'exercice *m* d'orientation sur le terrain
rock climber	le (la) grimpeur(-euse), le (la) varappeur(-euse)
rock climbing	la varappe
secure	solide, bien attaché
cricket	**le cricket *m***
to appeal	faire appel à
bail	la barre horizontale
to bat	frapper (avec la batte)
batsman	le batteur
to be bowled out	être éliminé
to bowl	lancer
bowler	le lanceur
to catch	attraper
(back) crease	la ligne d'envoi (la ligne de but)
fielder	le joueur de champ
fielding team	l'équipe *f* du bôleur
leg before wicket	la faute du batteur qui met la jambe devant le guichet au moment où la balle arrive
maiden over	la série de six balles où aucun point n'est marqué
to make runs	marquer des courses
run	la course
to stump	mettre hors jeu un batteur qui est sorti de son camp
stumps	les piquets *mpl*, le guichet

stylish	élégant
Test match	le match international
umpire	l'arbitre *m*
wicket	le guichet
wicketkeeper	le gardien de but
cycling	**le cyclisme**
cyclist	le (la) cycliste
mountain bicycle	le vélo tout-terrain
stage	l'étape *f*
timer (person)	le chronométreur
time trial	la course contre la montre
yellow jersey	le maillot jaune
fencing	**l'escrime** *f*
agility	l'agilité
balance	l'équilibre *m*
fencer	l'escrimeur, l'escrimeuse
foil	le fleuret
grace	la grâce
football (sport)	**le football**
back	l'arrière *m*
corner	le coup de pied de coin, le corner
to defend	défendre
defender	le défenseur
to dribble	dribbler
football (ball)	le ballon de football
footballer	le footballeur, le joueur de football
football pools	les pronostics *mpl*, le loto sportif

forward	l'avant *m*
free kick	le coup franc
goal	le but
goalkeeper	le goal, le gardien de but
goal-kick	le dégagement, la remise en jeu
goalpost	le poteau de but
goal scorer	le buteur
handball	le handball
to head	faire une tête
inside forward	l'inter *m*
linesman	le juge de touche
to mark	marquer
midfielder,	le demi
halfback	
offside	hors jeu
penalty	le penaltý
referee	l'arbitre *m*
to score	marquer un but
to shoot	shooter
spare man	le libero
striker	le buteur
substitute	le remplaçant
to substitute	faire un changement de joueur
team	l'équipe *f*
throw-in	la rentrée en touche
winger	l'ailier *m*
yellow card	le carton d'avertissement, le carton jaune

golf	**le golf**
to address the ball	viser la balle
albatross	l'albatros *m*
birdie	le birdie
bogie	le bogie
bunker	le bunker, la fosse de sable
caddie, caddy	le caddie, le chariot de golf
card	la carte
club	le club (de golf)
(organisation)	
club	le club
clubhouse	le pavillon
course	le link, les trous *mpl*
double bogie	le double bogie
driver	le driver
eagle	l'aigle *m*
fairway	le fairway
flag	le drapeau
follow-through	le swing
green	le green
hole	le trou
iron	le fer
(golf) links	le terrain de golf, le link
par	la normale du parcours, le par
a par three hole	un par trois
putter	le putter
putting green	la pelouse du trou
to swing	exécuter un drive
wedge	la cale

wood	le bois
gymnastics	**la gymnastique**
aerobics	l'aérobic *m*
circuit training	l'entraînement (selon un programme préétabli)
gym	le gymnase
gymnast	le (la) gymnaste
horizontal (high) *bar*	la barre fixe
(vaulting) *horse*	le cheval (sautoir)
parallel bars	les barres parallèles *fpl*
rings	les anneaux *mpl*
somersault	le saut périlleux
to work out	s'entraîner
hockey	**le hockey**
to bully off	engager le jeu
horseriding	**l'équitation** *f*
dressage	le dressage
to drive (a horse, in a carriage)	faire une promenade (à cheval, en voiture)
flat racing	la course de plat
horseman	le cavalier, la cavalière
jockey	le jockey
point-to-point	le steeple-chase champêtre réservé à des cavaliers amateurs
polo	le polo
showjumping	le concours hippique, le jumping
steeplechase	le steeple-chase

three-day event	le concours complet
trotting	le trot (la course de trot)

see also **ANIMALS**, FARM ANIMALS, *horse(s)* p16 and
WORK, AGRICULTURE, *stockbreeding* p214

lacrosse	**la crosse**
motor racing	**la course automobile**
chequered flag	le drapeau à damier
Formula 1	le Formule I
kart racing	le karting
motocross	le motocross
motorbike racing	la course de motocyclettes
pit stop	l'arrêt *m* au stand
racing car	la voiture de course
rally driving	le rallye
roll bars	les arceaux *mpl* de sécurité
(safety) helmet	le casque (protecteur)
scrambling	faire du trial
sponsorship	le patronage
rugby	**le rugby**
bench	le banc
fifteen	le quinze
fly-half	le demi d'ouverture
full back	l'arrière *m*
hooter	le klaxon
knockout adj	par élimination
knockout competition	la compétition à éliminatoires
league	la ligue
penalty kick	le penalty

prop (forward)	le pilier
to put in	mettre la balle en jeu
red card	le carton d'expulsion, le carton rouge
rugby league	le rugby à treize
rugby union	le rugby à quinze
scrum	la mêlée
scrum-half	le demi de mêlée
seven-a-side	le rugby à sept
sin bin	le prison
to tackle	plaquer
touch down	toucher dans son en-but
try	l'essai *m*
to try	marquer un essai
uprights (goalposts)	les montants *mpl*
skating	**le patinage**
figure skating	le patinage artistique
ice dancing	la danse sur glace
ice hockey	le hockey sur glace
ice skating	le patinage sur glace
puck	le palet
rollerskates	les patins *mpl* à roulettes
skate	le patin
to skate	patiner
skateboard	le skateboard, la planche à roulettes
(ice) *skating rink*	la patinoire
(roller) *skating rink*	le skating

tennis	**le tennis**
backhand	le revers
ball boy	le ramasseur de balles
base line	la ligne de fond
clay court	le court de terre battue
forehand	le coup droit
grass court	le court en gazon
lawn tennis	le tennis sur gazon
lob	le lob
love (score)	le zéro
net	le filet
racket	la raquette
real (royal) *tennis*	le jeu de paume
serve	le service
to serve	servir
set	le set
table tennis	le ping-pong, le tennis de table
tennis player	le joueur, la joueuse de tennis
(forehand) volley	la volée (de coup droit)
wrestling	**la lutte**
lock	la clé
to throw	la projection
WATER SPORTS	LES SPORTS *mpl* NAUTIQUES
angling	**la pêche à la ligne**
bait	l'appât *m*
to bait	appâter
to cast (a line)	lancer

208

coarse fishing	la pêche à la ligne de fond
deep-sea fishing	la pêche hauturière
fish	le poisson
to fish	pêcher
fishing rod	la canne à pêche, la gaule
fishing tackle	l'attirail *m* de pêche
float	le flotteur
fly	la mouche
fly fishing	la pêche à la mouche
groundbait	l'amorce *f* de fond
hook	l'hameçon
keep net	la bourriche
lead (weight)	le plomb
line	la ligne (de pêche)
lure	la leurre
to lure	leurrer
reel	le moulinet
sea angling	la pêche côtière
rowing	**l'aviron *m***
canoe	le canoë
canoeing	faire du canoë-kayak
canoeist	le (la) canoéiste
cox	le barreur
oar	la rame
paddle	la pagaie
to row	ramer
rower	le rameur, la rameuse
scull	l'aviron *m*
stroke	le coup de rame / d'aviron

sailing	**la voile**
boom (of sail)	la bôme
dinghy	le canot
locker	le casier
mast	le mât
sail	la voile
sheet (rope)	l'écoute *f*
tacking	le virement de bord
swimming	**la natation**
backstroke	le dos crawlé
breaststroke	la brasse
butterfly	le style papillon
crawl	le crawl
deep-sea diving	la plongée sous-marine
to dive	plonger
diving boards	les plongeoirs *mpl*
flume	le toboggan
freestyle	la nage libre
high diving	le plongeon de haut vol
lifeguard	le surveillant de baignade
springboard	le tremplin
to swim	nager
swimmer	le nageur, la nageuse
swimming pool	la piscine
synchronised swimming	la natation synchronisée
water polo	**le water-polo**
water skiing	**le ski nautique**
outboard motor	le moteur hors-bord

WINTER SPORTS	LES SPORTS *mpl* D'HIVER
bobsleigh	**le bob(-sleigh)**
luge	**la luge**
skiing	**le ski**
bindings	la fixation
chair lift	le télésiège
cross-country skiing	le ski de randonnée
ski	le ski
to ski	skier, faire du ski
ski boots	les chaussures *fpl* de ski
skier	le skieur, la skieuse
ski jump	le saut à skis
ski lift	le téléski, le monte-pente
ski run	la piste de ski
ski stick	le bâton de ski
slalom	le slalom
sledge	le traîneau
snowboard	le surf des neiges
snowshoes	les raquettes *fpl*
toboggan	le toboggan

WORK   LE TRAVAIL

AGRICULTURE	L'AGRICULTURE *f*
agricultural	agricole
arable	**arable**
baler	la lieuse
barn	la grange

barren	stérile
combine harvester	la moissonneuse-batteuse
country estate	le domaine, la terre
countryside	la campagne
courtyard	la cour
to cultivate	cultiver
cultivation	la culture
to dig	creuser
dry	aride
farm	la ferme
farmer	le fermier, la fermière
farmland	les terres cultivées *fpl*
fertile	fertile
(manure) fertiliser	l'engrais *m* (le fumier)
to fertilise (crop)	fertiliser
furrow	le sillon
to germinate	germer
grain	le grain
greenhouse	la serre
harrow	la herse
harvest	la moisson, la récolte
to harvest (reap, arable crops)	moissonner
to harvest (fruit)	récolter
harvester, reaper (person)	le (la) moissonneur(-euse)
hay	le foin
hayfork	la fourche à foin
haystack	la meule de foin

hoe	la binette, la houe
to irrigate	irriguer
labourer, farmhand	l'ouvrier *m* agricole
market garden	le jardin maraîcher
meadow	le pré
to mow	faucher
nursery (for plants)	la pépinière
pile	le tas
to pile up	entasser
plough	la charrue
to plough	labourer
rake	le râteau
to rake	ratisser
reaping machine	la moissonneuse, la faucheuse
rustic	champêtre
to scatter	semer à la volée
scythe	la faux
seed	la semence
sickle	la faucille
silage	le fourrage vert
to sow	semer
sowing	les semailles *fpl*
spade	la bêche
stable	l'étable *f*
straw	la paille
tillage, ploughing	le labour
tractor	le tracteur

well	le puits
standing crops	**les produits** *mpl* **agricoles,**
	les récoltes *fpl* **(sur pied)**
alfalfa	la luzerne
barley	l'orge *f*
ear (of wheat)	l'épi *m*
grape harvest	les vendanges *fpl*
grape picker	le (la) vendangeur(-euse)
linseed (flax)	le lin
maize	le maïs
oats	l'avoine *f*
rapeseed	le colza
rice	le riz
seed (individual)	la graine
sunflower	le tournesol
wheat	le blé
stockbreeding	**l'élevage** *m*
dairy	la laiterie
dairy adj	laitier(-ère)
fodder, feed	le fourrage
herdsman	le vacher
to milk	traire
milking machine	la trayeuse
pasture	l'herbage *m*
shepherd	le berger, la bergère
stockbreeder	l'éleveur, l'éleveuse
subsidy	la subvention

see also **ANIMALS**, FARM ANIMALS, ***horse(s)*** *p16* and
SPORT, ***horseriding*** *p205*

asset	l'actif *m*
board of directors	le conseil d'administration
chairman	le président, la présidente
contract	le contrat
director	le directeur, la directrice
dividend	le dividende
liability	le passif
to list (shares)	coter
listed company	la société cotée en Bourse
managing director	le directeur général
(to make a) report	(faire un) rapport / reportage
share capital	le capital actions
shareholder	l'actionnaire *m & f*
share price	le cours d'une action
takeover	le rachat
commerce	**le commerce**
account	le compte
to associate (with)	s'associer (avec)
branch	la succursale
business	les affaires *fpl*
businessman	l'homme *m* d'affaires
to cancel	annuler
carriage	le port
company	la société, la compagnie
to deliver	livrer
delivery	la livraison
demand	la demande
deposit	l'acompte *m*, les arrhes *fpl*
to dispatch	expédier

export	l'exportation *f*
goods	les marchandises *fpl*
import	l'importation *f*
limited company	la société anonyme
market	le marché
offer	l'offre *f*
to offer	offrir
on credit	à crédit
order	la commande
packaging	l'emballage *m*
to pack up	emballer
partner	l'associé, l'associée
portable	portatif(-ive)
(business) premises	les locaux *mpl* (commerciaux)
to settle	régler
subject	le sujet
transport	le transport
to transport	transporter
to undertake	entreprendre
to unpack	déballer
to unwrap	défaire, ouvrir
to wrap	envelopper
industry	**l'industrie *f***
ability	l'aptitude *f*
blackleg	le jaune
busy (with)	occupé (à)
clumsy	maladroit
enterprise	l'entreprise *f*
expert	l'expert(e) *m(f)*

factory	l'usine *f*
foreman	le contremaître
to go on strike	se mettre en grève
industrialist	l'industriel *m*
to keep busy	vaquer à ses occupations, trouver à s'occuper
lazy	paresseux(-euse)
lock-out	le lock-out
machine	la machine
machinery	la machinerie
manufacture	la fabrication
to manufacture	fabriquer
manufacturer	le fabricant
minimum wage	le salaire minimum
operator	le (la) dirigeant(e)
picket	le piquet de grève
skilful (at)	habile (à)
skill, (manual)	l'habileté *f*, (la dextérité)
strike	la grève
striker	le (la) gréviste
supervisor	le chef de service
trademark	la marque de fabrique, le label
trade union	le syndicat
trade unionism	le syndicalisme
trade unionist	le (la) syndicaliste
warehouse	l'entrepôt *m*
media	**les media** *mpl*
cameraman	le caméraman
communications	les communications *fpl*

designer	le dessinateur, la dessinatrice
director	le directeur, la directrice
(chief) editor	le rédacteur (en chef)
film	le film
illustrator	l'illustrateur, l'illustratrice
interviewer	l'interviewer *m*
journalist	le (la) journaliste
lighting technician	l'éclairagiste *m & f*
newscaster,	le présentateur,
presenter	la présentatrice
newspaper	le journal
photographer	le (la) photographe
to print	imprimer
printer	l'imprimeur *m*
printing	l'impression *f*
producer (radio / TV)	le réalisateur, la réalisatrice
to publish	publier, éditer
publisher	l'éditeur *m*
to report	faire un reportage sur
reporter	le reporter
reporting (on an event)	le reportage
set designer	le décorateur / la décoratrice de théâtre
sound mixer	l'ingénieur *m* du son
stage manager	le régisseur
wardrobe manager	le costumier, la costumière

see also **LEARNING**, *current events* p127

office	**le bureau**
audiotypist	l'audiotypiste *m & f*
chief	le chef
clerk	l'employé, l'employée de bureau
copier	la machine à photocopier
to depend on	dépendre de
desk	le bureau
dictaphone	le dictaphone
to employ	employer
employee	l'employé, l'employée
employer	le (la) patron(-ne)
employment	l'emploi *m*
manager	le directeur, le gérant
secretary	le (la) secrétaire
shorthand	la sténographie
shorthand typist	la sténodactylo
typewriter	la machine à écrire
typing	la dactylographie
typist	la dactylo
unemployed	en chômage, sans travail
unemployment	le chômage
voicemail	la messagerie vocale
workstation	le poste de travail

see also **THE HOME**, *office / study* p100

PROFESSIONS	LES PROFESSIONS *fpl*
accountant	le (la) comptable
attorney	le mandataire

barrister, lawyer	l'avocat *m* (plaidant)
consultant	le conseiller, la conseillère
dentist	le (la) dentiste
doctor	le médecin, le docteur
ethical	éthique
ethics	la moralité
firm	l'entreprise *f*
freelance	indépendant
indemnity	l'indemnité *f*, le dédommagement
junior adj	subalterne
(legal) *liability*	la responsabilité
partner	l'associé(e) *m* & *f*
practice	l'exercice *m*
professional	les diplômes *mpl* / les titres
qualifications	*mpl* professionnels
senior adj	supérieur
solicitor (notary)	l'avoué *m*, le notaire
(land) *surveyor*	l'expert *m* (l'arpenteur *m*, le géomètre)

PUBLIC SERVICES	LES SERVICES *mpl* PUBLICS
alarm	l'alarme *f*
public sector	le secteur public
public works	les travaux *mpl* publics
siren	la sirène
ambulance	**l'ambulance** *f*
emergency	le cas urgent
emergency services	les services *mpl* des urgences

fire engine	la voiture de pompiers
fire hydrant	la bouche d'incendie
fireman	le sapeur-pompier
fire station	la caserne de pompiers
paramedic	l'auxiliaire medical(e) *m(f)*
library	**la bibliothèque**
bookrest	le support à livres
catalogue	le catalogue
to learn	apprendre
learned adj (scholarly)	érudit
librarian	le (la) bibliothécaire
to make notes	prendre des notes
to read	lire
to study	étudier, faire des études (en)
local authority	**l'autorité** *f* **municipale**
road sweeper (person),	le balayeur
(machine)	la balayeuse
road works	les travaux *mpl*
street lighting	l'éclairage *m* public
police (force)	**la police**
policeman	l'agent *m* de police, le gendarme
police station	le commissariat de police
telephone service **(company)**	**les P et T** *fpl* (**Postes et télécommunications**)
pylon	le pylône
telegraph pole	le poteau télégraphique
telegraph wires	les fils *mpl* télégraphiques

utility	**le service public**
SHOPS	LES MAGASINS *mpl*
aisle	le couloir
baker	le boulanger, la boulangère
bakery	la boulangerie
barber, hairdresser	le coiffeur, la coiffeuse
barber shop, hairdresser's	la boutique de coiffeur
butcher	le boucher
butcher's	la boucherie
cash desk, checkout	la caisse
chemist (pharmacist)	le (la) pharmacien(-ne)
chemist's (pharmacy)	la pharmacie
counter	le comptoir
customer service (desk)	le service clientèle
delicatessen	l'épicerie *f* fine
department store	le grand magasin
do-it-yourself store, (d-i-y department)	le magasin de bricolage, (le rayon bricolage)
dressmaker	la couturière
estate agent's	l'agent *m* immobilier
fishmonger	le poissonnier, la poissonnière
fishmonger's	la poissonnerie
greengrocer's	le (la) marchand(e) de fruits et légumes

grocery	l'épicerie *f*
haberdasher	le mercier, la mercière
hat shop	la chapellerie
hatter, milliner	la modiste
hypermarket	l'hypermarché *m*
ironmonger	le quincaillier
jeweller	le bijoutier
to knead	pétrir, travailler
milkman	le laitier
shoeshop	le magasin de chaussures
shop assistant	la vendeuse, le vendeur
shopkeeper	le commerçant, la commerçante (en détail)
to show	montrer
stationer	le papetier
stationer's	la papeterie
(precious) stone-cutter	le tailleur de pierres (précieuses)
supermarket	le supermarché
(ladies') tailor	le tailleur (pour dames)
tailor's	la boutique de tailleur
tobacconist	le marchand de tabac
tobacconist's	le tabac
wholesale dealer	le commerçant en gros
wine merchant	le marchand de vins

TRADES	LES MÉTIERS *mpl*
apprentice	l'apprenti, l'apprentie
apprenticeship	l'apprentissage *m*

bricklayer	le maçon
cabinet maker	l'ébéniste m & f
carpenter	le charpentier
craft	le métier artisanal
craftsman	l'artisan m
day labourer	le journalier
electrician	l'électricien m
engineer	l'ingénieur m, le technicien
fitter	le monteur
to fix	fixer, attacher
fixed	fixe
french polisher	le vernisseur au tampon
glazier	le vitrier
to grind (a blade)	aiguiser
to grind (eg pepper)	moudre
joiner	le menuisier
mechanic	le mécanicien
mill	le moulin
miller	le meunier, la meunière
plasterer	le plâtrier
plumber	le plombier
rag and bone man	le chiffonnier
spinner	le fileur, la fileuse
upholsterer	le tapissier
workman	l'ouvrier m